高等院校通识课教材

U0724600

心理学导读

徐 云 王 慧◎主 编

中国原子能出版社

图书在版编目（CIP）数据

心理学导读 / 徐云，王慧主编 . -- 北京 ： 中国原子能出版社， 2022.11

ISBN 978-7-5221-2266-3

Ⅰ．①心… Ⅱ．①徐… ②王… Ⅲ．①心理学 Ⅳ．① B84

中国版本图书馆 CIP 数据核字（2022）第 207757 号

心理学导读

出版发行　中国原子能出版社（北京市海淀区阜成路 43 号　100048）

责任编辑　张　磊　杨晓宇

责任印制　赵　明

印　　刷　北京天恒嘉业印刷有限公司

经　　销　全国新华书店

开　　本　787 mm×1092 mm　　1/16

印　　张　13

字　　数　225 千字

版　　次　2024 年 1 月第 1 版　　2024 年 1 月第 1 次印刷

书　　号　ISBN 978-7-5221-2266-3　　**定　价** 72.00 元

作者简介

徐云　男，浙江工业大学健行特聘教授。浙江工业大学心理学重点学科负责人，国家社科重大项目首席专家，全国妇联"自闭症儿童康复教育研究中心"执行主任。发表高水平论著上百部(篇)，获省部以上或国际奖项近20个。是国家社科基金，国家重点研发计划，教育部人文社科项目和全国23个省社科、科技项目的评审专家。

王慧　女，浙江工业大学心理健康教育中心主任。心理学副教授，美国密歇根大学访问学者，中国心理学会注册心理师，发表高水平心理学论著10多部（篇）。

前　言

　　心理学渗透于人们社会生活的各个领域，无论是工作还是生活，都离不开心理学，都需要心理学知识。对于学生及广大教师而言，学习与掌握基础的心理学知识与理论十分重要，也是十分必要的。

　　心理学是一门涵盖多个专业领域的科学，但就其根本而言，心理学是一种研究人类行为和心理过程的科学。它既是一门理论学科，也是应用学科。心理学研究涉及知觉、认知、情绪、人格、行为和人际关系等许多领域，也与日常生活的许多领域——家庭、教育、健康等发生关联。心理学一方面尝试用大脑运作来解释个人基本的行为与心理机能；另一方面，心理学也尝试解释个人心理机能在社会行为与社会动力中的角色。此外，它也与神经科学、医学、生物学等学科有关，因为这些学科所探讨的生理作用会影响个人的心智。

　　学习心理学，可以加深人们对自身的了解。通过学习心理学，可以知道自己为什么会做出某些行为，这些行为背后究竟隐藏着什么样的心理活动，以及自己的个性、脾气等特征又是如何形成的，等等。例如，学习了遗忘规律，就可以知道自己以往的背单词方法存在哪些不足；了解了感觉的适应性，就可以解释为什么"入芝兰之室，久而不闻其香"了。同样，也可以把自己学到的心理活动规律运用到人际交往中，通过他人的行为推断其内在的心理活动，从而实现对外部世界更准确的认知。例如，作为教师，如果了解学生的知识基础和认知水平，以及吸引学生注意力的条件，就可以更好地组织教学，收到良好的教学效果。

　　心理学或心理健康教育已经成为高等院校通识课之一。教育部门对高等院校公共心理学课程的重视程度不断加深，其教材改革也受到极大关注。

　　本书内容共分为七章，其中第一章为心理学概述，主要介绍了心理学的对象、心理的实质以及心理学的研究方法；第二章为注意，分为三节内容，分别为注意的概述、注意的品质及培养、注意规律在教学中的运用；第三章为记忆，分为三节内容，分别是记忆的概述、记忆的过程、记忆规律在教学中的运用；第四章为感觉与知觉，分为三节进行叙述，分别是感觉与知觉的概述、感觉与知觉的规律、感知规律在教学中的运用；第五章为情绪与情感，分为四节进行叙述，分别为情绪与情感的概述、情绪与情感的分类、情绪的调节、情绪与情感在教学中的运用；第六章为需要与动机，分为三节，分别为需要的概述、动机的概述、动机规律在教学中的运用；第七章为能力、气质与性格，分为三节进行叙述，分别为能力的形成与培养，气质对生活、教育的意义，性格的形成与培养。

在撰写本教材的过程中，参考了大量的学术文献，在此表示真诚的感谢。本书内容系统全面，论述条理清晰、深入浅出。但由于作者水平有限，书中难免会有疏漏之处，希望广大同行批评指正。

目 录

第一章 心理学概述

心理学是一门科学，是一门与日常生活和社会各个领域密切相关的系统科学，具有很强的理论性和广泛的实用性。本章内容为心理学概述，主要介绍了心理学的对象、心理的实质以及心理学的研究方法。

第一节 心理学的对象

"心理学"一词源于希腊语，原指关于灵魂的学问。在我国古代，许多学者也提到了"灵魂""心""思""神"等类的词语，都是指心理。"心理学"这个专门术语，是 16 世纪在欧洲出现的。1879 年，莱比锡大学创立了世界上第一个心理学实验室，使用心理物理法对人的感觉、知觉反应等心理现象进行系统的实验研究，通过心理学刊物培养了一批心理学者，从此心理学才从哲学中分离出来，成为一门独立的科学。至此，心理学也获得了新的界定，被定义为关于心理的科学。今天，随着科学认识的深化，要求从心理现象的描述过渡到对现象的说明，而"说明"则要求揭示这些现象所从属的规律。因此，我国心理学教科书多把心理学定义为：研究心理现象及其规律的科学。而西方教科书常把心理学定义为一门研究行为和心理现象的科学。

心理学（Psychology）是研究人的心理现象的发生、发展和变化的过程，并在此基础上揭示人的心理活动规律的一门科学。心理学作为一门学科，内容广泛。它不仅解读人们生活中的各种心理活动及其规律，而且对于诸如怎样记忆才能使学习有效，怎样思考才能更好地解决问题，怎样认识才能更好地调控自己的情绪，怎样测量才能更好地评定人的个性等心理问题，都给予科学的阐述。简而言之，心理学就是一门研究心理现象、揭示心理规律的科学。心理现象是人们最熟悉、体验最多的现象，也是自然界复杂、奇妙的一种现象。人眼可以看到五彩缤纷的世界；人耳可以聆听旋律优美的钢琴协奏曲；人脑可以储存异常丰富的知识，时过境迁而记忆犹存；人有"万物之灵"的智慧，能运用自己的思维去探索自然和社会的各种奥秘；人还有七情六欲，能通过活动去满足自己的各种需要，并在周围环境中留下自己意志的印迹……总之，人类关于自然和社会方面的各种知识，在认识世界、改造世界的过程中所取得的一切成就，都是和人心理的存在、发展分不开的。

心理现象是心理活动的事实或表现。这个概念的范围很大，人有心理现象，动物也有心理现象。在此，我们所要学习和研究的心理学对象主要是研究人的心理现象，范围是研究正常人的心理活动的一般规律。

心理现象是人们所熟悉并与人们的生活息息相关的现象，并非虚无缥缈、神秘莫测的东西。在每天的 24 小时里，除了熟睡中不做梦的时间外，它总是伴随着人们。人的心理现象极其复杂，表现形式也多种多样，是任何其他高级动物望尘莫及的，人的心理是"地球上最美的花朵"。

有些人把人的心理现象划分为意识现象和无意识现象，有些人把人的心理现象划分为心理事实和心理规律。本书把人的心理现象划分为心理过程、个性心理和心理状态三大范畴。

一、心理过程

人的有些心理现象具有鲜明的动态特性，如记忆，从记到忆是个动态过程。有些心理现象则是静态（稳态）特性明显，如性格，一经形成就相当稳定。心理过程这个专门术语就是对前者而言的。过程意味着流动、变化，故心理过程也称心理活动。心理过程包括认识、情绪、意志三个方面，简称知、情、意，涵盖了人的心理活动的各个方面。

人在认识事物的过程中，必定会产生感觉、知觉、记忆、想象和思维之类的心理活动。同时，人也必定借助于这类心理活动来达到认识事物的目的。这类与认识密切关联的心理现象，心理学上统称为认识过程。

人在认识活动的基础上，会对人、对己、对事、对物抱有一定的态度（如接受、拒绝等）并在内心产生相应的体验（如愉快、厌恶等），这种态度体验是与情感密切关联的，称为情感过程。每个人都有自己的情绪世界，而情绪世界就是由喜、怒、哀、乐、爱、憎、惧等常见的情感过程构成的。

心理过程的第三个方面是意志过程。意志过程是人在活动中自觉地确定目标并能规划行动、克服困难的心理过程。比如，有时面对错综复杂的情况，但必须进行决断；面对重重阻力，但必须进行排除；面对强烈诱惑，但必须进行克制。诸如此类的心理现象，只有人类才具备。

二、个性心理

每个人通过各自的生活道路形成了自己特定的心理面貌，从而使自己在心理上稳定地与他人区别开来。心理学所言个性心理，指的是一个人在社会生活实践中形成的相对稳定的各种心理现象的总和。它包括三个子系统：个性倾向性、个性心理特征和自我意识。

个性倾向性是什么呢？概括来说，它是一种内在的决定着人对事物的态度和行为的动力系统。人在周围世界的万事万物中，选择与舍弃什么、趋向与回避什么、追求与拒绝什么等，都取决于人有什么样的个性倾向性。个性倾向性包括需要、动机、价值观等方面。人是需要者，每个人都有自己的需要，如生存的需要、发展的需要、享受的需要、安全的需要、自尊的需要等。人也是行动者，而行动是由动机推动的。人还是价值观的持有者，人们根据自己的价值观来权衡事物的主次、轻重与是非。价值不同，足以使人们的个性倾向性和行为表现大异其趣。

个性结构中的另一个系统是个性心理特征。个性心理特征是个人在心理活动方面经常表现出来的稳定特征。但这些稳定特征在形态上是不同的，其中有些属于气质，有些属于性格，有些属于能力。在心理活动动力方面表现出来的稳定特征称为气质。在人对现实的态度和行为方式方面表现出来的稳定特征称为性格。在直接制约工作效率方面表现出来的稳定特征称为能力。简而言之，人与人之间在个性心理特征上的差异，可以归纳为气质差异、性格差异和能力差异。

个性结构中的又一个子系统是自我意识，它是个性结构中的自我调节系统。自我意识有它的认识侧面（自我认识）、情感侧面（自我体验）、意志侧面（自我控制）。人们常常会问自己："我是个什么样的人？""我为什么会成为这样的人？"这里涉及的"我"就是自我认识。人不仅认识自己，而且体验自己，会自问："我对自己满意吗？""我能接受自己吗？"这就是自我体验问题。自尊、自卑、自豪、自责等，是常见的自我体验形式。人在自我认识、自我体验的基础上，经常问自己："我怎样改变自己？""我怎样闯过难关？"这里涉及的就是自我控制问题。自强、自立、自主、自律等是常见的自我控制形式。由此可见，凡涉及人的自我的各种心理现象，都可以通过自我意识这个系统加以研究。

三、心理状态

心理状态是心理活动在一段时间内出现的相对稳定的持续状态。它既具有心理过程的暂时性、可变性的特点，又具有个体的持久性、稳定性的特点。但心理状态不像心理过程那样短暂、可变，也不像个性那样持久、稳定，所以心理学把心理状态看作介于这两者之间的中间状态。人的心理活动和行为表现都是在一定心理状态的基础上出现的。从这个意义上说，心理状态是心理活动和行为表现的心理背景。

心理状态的表现是多方面的，它可以表现在知、情、意的任何一个方面。如好奇、疑惑、沉思，这是认识方面的心理状态；淡泊、焦虑、渴求，这是情绪方面的心理状态；克制、犹豫、镇定，这是意志方面的心理状态。研究、考察人的心理状态，不仅要描述其表现形态，而且要把握其具体成因，这样才有应用价值。

心理过程、个性心理和心理状态三者既相互联系又相互区别。心理过程体现心理活动的动态性，心理状态体现心理活动的稳定性，而个性心理则突出了心理特征的恒定性和持久性。心理状态是连接心理过程和个性心理的中间环节，如果某种心理状态经常发生并持续时间较长，就会在个体身上巩固下来逐渐转化为人的行为方式和性格特征。

第二节　心理的实质

科学研究证明：脑是心理的器官，心理是脑的机能。心理是人脑对客观现实主观能动的反映。神经系统是心理活动的主要物质基础。人的一切心理活动，无论是心理过程，还是个性心理，都是通过神经系统的活动来实现的。

一、心理是脑的机能

较早对不同脑区的机能进行研究的是 20 世纪 50 年代末一位名叫 R.W. 斯佩里的医生。斯佩里为了治疗癫痫病人，把病人左右脑之间联结的胼胝体切开，病人的癫痫症状确实有所减轻。但是，病人身上也出现了一种奇怪的现象，斯佩里对此进行了系统研究。他设计了一种带有左右两个显象屏幕的测试装置，能使一侧屏幕上出现的视觉信息（单词）只能到达人的对侧大脑半球。实验结果表明：如果在右侧屏幕上出现单词"苹果"，病人很容易读出来，并能用右手写出这个单词；如果这个单词出现在左侧屏幕，病人就不能读出，或者仅仅告诉主试看到了一个闪光，与此同时，他却能用左手从装有各种物品的口袋里摸出苹果来。如果让割裂脑病人分别用左手和右手照着实物画图，尽管这个病人原来习惯于用右手书写，但其左手比右手画的图更接近实物，这也说明右半球在感受形状和空间立体方面是占有优势的。尽管割裂脑病人的两个半球可以独立工作，但他们却表现出只有一个统一的意识。

对割裂脑病人进行的研究发现，对于绝大多数习惯于用右手以及部分习惯于用左手的人来说，左半球与言语、推理、理智和分析的思维相联系，而右半球则与感知、空间主体知觉、直觉的思维相联系。这就是大脑单侧功能优势化，也就是每一侧大脑半球都有其独立的功能，但在正常情况下，由于胼胝体等的连接，其两侧的功能得到了整合。

在此之后，出现了更多对于不同脑区功能更为细致的研究。现在人们已经知道大脑皮层的主要机能区包括：运动中枢，位于额叶中央前回，它的机能是调节对侧躯体运动；躯体感觉中枢，位于中央后回，它的机能是使对侧躯体产生感觉；视觉中枢，位于枕叶，它的机能是对光和色产生感觉；听觉中枢，位于颞叶的颞横回，它的机能是对声波产生感觉；嗅觉中枢，位于海马回沟附近，它的机能是对气味产生感觉；运动性语言中枢，位于额叶额下回后方紧靠中央前回的下部，它的机能是调节语言运动；听觉性语言中枢，位于颞叶的颞上回的后方，它的机能是调整自己的语言和理解别的语言；视觉性语言中枢，位于中央后回和枕叶之间，它的机能是理解过去已知的语言符号并进行阅读；书写中枢，位于中央前回管理上肢特别是手的运动区，它的机能是进行书写、绘画、雕刻等精细运动。

随着科技的进步以及脑成像技术的发展，人们对不同脑区对应的心理机能的认识必然越来越具体，越来越精细。

（一）脑是心理的物质器官

脑是心理的物质器官，现在这已经成了大家的普遍常识。但是在我国古代，人们却认为心理的器官是心脏。在汉字中，所有跟心理有关的现象都是心字旁或者心字底，这是由于当时人们的认识水平有限。现在的科学已经证实，脑是心理的物质器官。在临床上，"无脑儿"和"脑损伤"的病例都说明了这一点。没有脑这个物质基础，正常的人的心理就没有办法发生，更不用说发展。关于脑是心理的物质器官，可以从以下几方面进行说明。

（1）从物种发展史看，心理是物质发展到高级阶段的属性

世界是物质的，物质是不断运动变化并相互作用的，物质相互作用留下的痕迹就是反映，如铁受潮会生锈，用石头在地面上划会留下痕迹，等等。无生命物质的反映是机械的、物理的和化学的反映。

无生命物质经过万亿年的发展变化才出现了有生命的植物和单细胞动物，出现了新的反映形式——感应性，即生物体接受刺激后发生变化的能力，如变形虫趋向有利刺激（食物），避开有害刺激（玻璃丝），且在吃饱后不再对食物发生反应。但这还不是心理。随着生物的进化，多细胞动物（腔肠动物、节肢动物等）出现了神经系统，具有新的反映形式——感受性。多细胞动物继续进化，其组成部分逐步分化，逐渐发展成为专门的器官，运动器官逐步形成并完善，神经系统得到相应的发展，动物进入了无脊椎动物阶段（如蚯蚓），最简单的心理现象——感觉随之发生。从无脊椎动物发展到脊椎动物，动物背部的神经管前端扩大而形

成了脑。脊髓和脑构成了脊椎动物特有的中枢神经系统。由于神经系统的发展，心理也发展到更高的一级——知觉阶段。实验证明，大白鼠可以辨别等边三角形和圆形，还能够进行各种迷津学习；狗能根据声音、衣服的气味认出它的主人。脊椎动物继续进化到哺乳动物，哺乳动物进化到灵长类的类人猿时，就达到了动物心理发展的最高阶段——思维萌芽阶段。类人猿的脑部结构接近现在的人脑，其视觉、触觉、运动觉特别发达，不仅能反映事物的个别属性和事物的整体，而且还能反映事物之间的关系。例如，黑猩猩能把大小不同的木箱叠在一起，拿到悬挂在高处的香蕉。

由于物质由低级向高级不断衍变，物质的反映形式也由低级向高级不断发展。无生命物质的反映形式是物理的和化学的反映形式，如水滴石穿、盐在水中溶解、铁在湿空气中生锈。有生命物质的反映形式是生物的反映形式。植物有感应性；环节动物、节肢动物开始具有感觉；脊椎动物出现了脑，并分化为延脑、小脑、中脑、间脑和桥脑，于是就产生了更复杂、更高级的反映形式——知觉。例如，鱼类的大脑两半球处于萌芽状态；两栖类开始出现了大脑两半球，然而很小，构造简单；爬虫类的大脑出现了皮层；鸟类的大脑皮层尚无沟回；哺乳动物的大脑两半球和大脑皮层得到了迅速发展。一些事实，如狗在地震前能拖主人出屋、战马能救受伤的战士，都证明哺乳动物的大脑已经有了长足的发展。灵长类的脑是动物脑发展的高峰，大脑皮层有六层，面积扩大，细胞增多，有了具体的思维能力。因此，类人猿表现出能用棍棒取食物、能用壶中的水灭掉存放食物器皿入口处的火等行为，并且还有哭和笑的面部表情。

人是万物之灵，在大脑的重量和机能方面是其他任何高等动物都无法比拟的。人的大脑皮层的厚度有 1 至 4 毫米，平均为 2.5 毫米，共有六层，全部表面积有 2200 平方厘米。人脑重约 1400 克，占体重的 2%；狗脑重约 120 克，占体重的 0.3%；猩猩脑重约 400 克，占体重的 0.45%；鲸脑重约 7000 克，占体重的 0.07%。高度发展的人的心理正是以高度发展的人脑为物质基础的。因此，人的心理与动物的心理有本质的区别。人具有抽象思维能力，人的心理即人特有的意识，它是人脑的机能，是物质（人脑）的最高产物。总之，只有生理结构尤其是大脑结构和机能发展到一定程度，才能产生各种心理现象。

（2）从个体发展史看，心理的发展与脑的发育完整紧密相连

从有关大脑研究的大量资料可知，儿童在出生时，大脑结构已接近成人。儿童的大脑皮层分为六层，皮层上的神经细胞数与成人接近，但儿童的皮层薄，皮层上的沟回比成人浅，脑重量比成人轻。人出生时的脑重量约有 360 克，几乎占体重的 10%；6 个月时的脑重量接近 660 克；3 岁时的脑重量有 1000 克；7 岁时的脑重量有 1280 克；12 岁时脑重量已接近成人。可见，人脑在身体各方面的发育中是最迅速的。随着脑的发育完善，人的心理也迅速发展。

（3）临床上发现，当人脑受到外伤或由于疾病遭到破坏时，会出现全部或部分的失调

如果大脑的枕叶受到损伤，人会出现"心理盲"或者"中央盲"；大脑左半球中央前回底部受到损伤，就会导致"运动性失语症"，病人能看懂文字，听懂别人的谈话，但自己不会说话。所有这些临床研究表明，人脑是人心理活动的器官，相应的脑区如果受到损伤，人的心理活动就会发生一定的障碍。人的心理是由脑产生的，"无头脑的思维"是不存在的。列宁说过，人的心理、意识是人脑这块高级物质的产物。

（二）脑与神经系统

人的神经系统是一个极其复杂的技能系统。根据部位及其功能，可以把人的神经系统分为周围神经系统和中枢神经系统两大部分。周围神经系统由大量通往中枢神经系统和传递信息的神经纤维组成，它们分布于全身，与脑、脊髓和全身器官相联结来接受刺激，并将神经冲动传递给中枢神经系统，同时将中枢神经系统的指令传递给效应器以产生动作或行为。中枢神经系统由脑和脊髓组成，对周围神经系统输入的信息进行分析和综合，如图 1-2-1 所示。

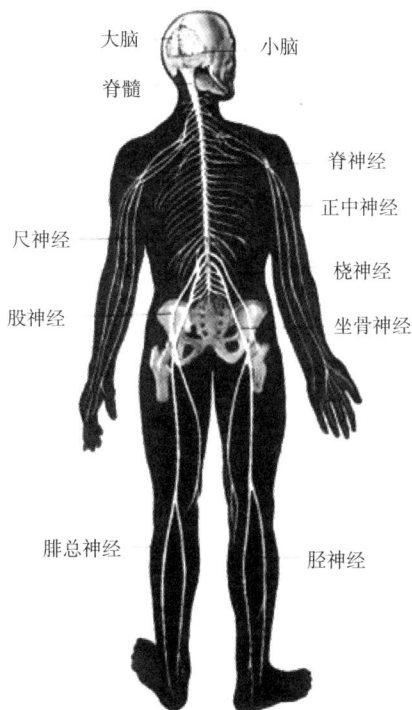

图 1-2-1　人的神经系统

1. 周围神经系统

周围神经系统通常由三部分组成：脊神经、脑神经和植物性神经。

（1）脊神经

脊神经发自脊髓，穿椎间孔外出，共 31 对。依脊柱走向，它分为颈神经 8 对，胸神经 12 对，腰神经 5 对，骶神经 5 对，尾神经 1 对。脊神经由脊髓前根和后根的神经纤维混合组成。脊髓前根的纤维属运动性，后根的纤维属感觉性。因此，混合后的脊神经是运动兼感觉的。

脊神经具有四种不同的机能成分：分布于皮肤、骨骼肌、肌腱和关节的纤维主管一般躯体感觉；分布于内脏、心血管和腺体的纤维主管一般内脏感觉；一般躯体运动纤维主要支配骨骼肌的运动；一般内脏运动纤维主要支配平滑肌、心肌运动和腺体的分泌。

（2）脑神经

由脑部发出，共 12 对，按顺序为：嗅神经、视神经、眼动神经、滑车神经、三叉神经、外展神经、面神经、听神经、舌咽神经、迷走神经、副神经、舌下神经。其中，嗅神经、视神经和听神经为感觉神经，分别传递嗅觉、视觉、听觉和平衡觉的感觉信息。眼动神经、滑车神经、外展神经、副神经和舌下神经为运动神经，分别支配眼球活动、颈部和面部的肌肉活动以及舌的运动。三叉神经、面神经、舌咽神经和迷走神经为混合神经。其中，三叉神经负责面部感觉和咀嚼肌的运动，面神经支配面部表情、舌下腺、泪腺及鼻黏膜腺的分泌，并接受味觉的部分信息。舌咽神经负责味觉和唾液腺分泌等；迷走神经支配颈部、躯体脏器的活动，包括咽喉肌肉、内脏平滑肌及心肌的运动，同时，还负责一般内脏感觉的输入。

（3）植物性神经

19 世纪德国学者莱尔最先提出"植物性神经系统"这一概念，英国科学家兰格莱将植物性神经系统分成交感神经和副交感神经两个部分。植物性神经的交感神经系统从脊髓的全部胸髓和上三节腰髓的灰质侧角内发出。它借助短短的交通支（节前纤维）和脊髓两侧的交感干联系，然后由交感干神经节发出节后纤维，以支配胸腹部的脏器和血管的活动。

副交感神经系统发自中脑、桥脑、延脑及脊髓的骶部。它的节前纤维在副交感神经节中央交换神经元，然后由此发出节后纤维，至平滑肌、心肌和腺体。副交感神经节一般位于脏器附近或脏器壁内。

交感神经和副交感神经在机能上具有拮抗性质。一般讲，人们把交感神经看成是机体应付紧急情况的生理机构。当人们在挣扎、搏斗、恐惧或愤怒时，交感神经马上发生作用，它加速心脏的跳动，下令肝脏释放更多的血糖，暂时减缓或停止消化器官的活动，从而动员全身力量以应付危急。而副交感神经的作用则相反，它起着平衡作用，抑制体内各器官的过度兴奋，使它们获得必要的休息。

植物性神经过去也叫"自主神经"，意即它们不受中枢神经系统的支配。但是人们不能随意地控制内脏的活动，如调节体温的升降、血压的高低、心跳的快慢等。因此，把植物性神经称为"自主神经"是不确切的。

2. 中枢神经系统

中枢神经系统包括脊髓和脑。脑在颅腔内，脊髓在脊柱中。两者常以椎体交叉的最下端和第一颈神经的最上端为界。

（1）脊髓

脊髓是中枢神经系统的低级部位，位于脊椎管内，略呈圆柱形，前后稍扁。它上接延髓，下端终止于一根细长的终丝。

脊髓表面以前后两条纵沟分成对称的两半。从横切面看，脊髓中央是呈"H"形的灰质，它的主要成分是神经元的胞体和纵横交织的神经纤维。灰质的外面为白质，由纵向排列的神经束组成。

脊髓每侧灰质的前端扩大为前角，含有大型多极神经元，称前角运动细胞。它们的轴突组成脊髓前根，直接支配骨骼肌的运动。灰质的后端形成后角，含有小型多极神经元。后角细胞为感受细胞，它们接受进入脊髓后根的神经纤维，把外界的信息传送给脑。

在脊髓的胸髓和上三节腰髓的前后角之间，还有侧角，含小型多极神经元，是交感神经前纤维的胞体。

脊髓的主要作用有以下几点。

第一，脊髓是脑和周围神经的桥梁。来自躯干和四肢的各种刺激，只有经过脊髓才能传导到脑，受到脑的更高级的分析与综合；而由脑发出的指令，也必须通过脊髓，才能支配效应器的活动。

第二，脊髓可以完成一些简单的反射活动，如膝跳反射、肘反射、跟腱反射等。在正常情况下，这些反射是可以受脑的支配的。

（2）脑干

脑干包括延脑、桥脑和中脑。

延脑在脊髓上方，背侧覆盖着小脑，是一个狭长的结构，全长4厘米左右。延脑和有机体的基本生命活动有密切关系，它支配呼吸、排泄、吞咽、肠胃等活动，因而又被称为"生命中枢"。

桥脑在延脑的上方，它位于延脑与中脑之间，是中枢神经与周围神经之间传递信息的必经之地。它对人的睡眠具有调节和控制的作用。

中脑位于丘脑底部，小脑、桥脑之间。它的形体较小，结构也较简单。从横切面看，中脑可分为三个部分。其一，中央灰质：指环绕大脑导水管的灰质。腹侧有眼动神经核和滑车神经核，两侧有三叉神经中脑核，分别支配眼球、面部肌肉的活动。其二，中脑四叠体：在中央灰质背面。其中上丘是视觉反射中枢，下丘是听觉反射中枢。其三，大脑脚：其中有黑质与红核，与调节身体姿势和随意运动有关。如黑质损伤，手脚的动作协调将会受到破坏，面部表情将显得呆板；如红核损伤，病人将出现舞蹈症等。

在脑干各段的广大区域，有一种由白质与灰质交织混杂的结构，称为网状结构或网状系统。主要包括延髓的中央部位、桥脑的被盖和中脑部分。网状结构按功能可分成上行系统和下行系统两部分。上行网状结构也叫上行激活系统，它控制着机体的觉醒或意识状态，与保持大脑表层的兴奋性、维持注意状态有密切的关系。如果上行网状结构受到破坏，动物将陷入持续的昏迷状态，不能对刺激做出反应。下行网状结构也叫下行激活系统，它对肌肉紧张有易化和抑制两种作用，即加强或减弱肌肉的活动状态。

（3）间脑

在脑干上方、大脑两半球的下部，有两个鸡蛋形的神经核团，叫丘脑。它的正下方有一个更小的组织，称为下丘，它们共同组成间脑。

丘脑是个中继站。丘脑后部有内、外侧膝状体，分别接受听神经与视神经传入信息。除嗅觉外，所有来自外界感官的输入信息，都通过这里再导向大脑皮层，从而产生视、听、触、味等感觉。丘脑是网状结构的一部分，因而对控制睡眠和觉醒也有重要意义。

下丘脑是调节交感神经和副交感神经的主要皮下中枢，对维持体内平衡，控制内分泌腺的活动有重要意义。例如，下丘前部对体温的增高很敏感，它可以发动散热机制，使汗腺分泌、血管舒张。相反，下丘后部对体温降低很敏感，有保温、生热机能，使血管收缩、汗腺停止分泌。下丘脑对情绪也起重要的作用。用微弱电流刺激下丘脑的某些部位，可产生快感；而刺激相邻的另一区域，将产生痛苦和不愉快的情绪。

（4）小脑

小脑在脑干背面，分左右两半球。小脑表面的灰质叫小脑皮层，其表面积约1000平方厘米。内面的白质称为髓质。小脑与延脑、桥脑、中脑均有复杂的纤维联系。它的作用主要是协助大脑维持身体的平衡与协调动作。一些复杂的运动，如签名、走路、舞蹈等，一旦学会，似乎就编入小脑，并能自动进行。小脑损伤的人会痉挛、运动失调，丧失简单的运动能力。近年来的一些研究表明，小脑在某些高级认知功能（如感觉分辨）中也有重要的作用。

（5）边缘系统

在大脑内侧面最深处的边缘，有一些结构，它们组成一个统一的功能系统，称为边缘系统。这些结构包括扣带回、海马回、海马沟、附近的大脑皮层（如额叶眶部、岛叶、颞根、海马及齿状回），以及丘脑、丘脑下部、中脑内侧被盖等，如图 1-2-2 所示。

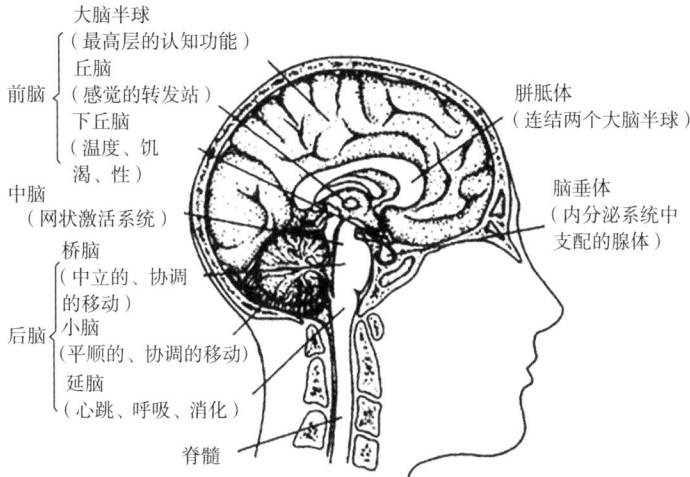

图 1-2-2　脑结构侧面图

从进化的观点看，边缘系统比脑干、丘脑和下丘脑、小脑出现得更晚些。在种系发生的阶梯上，哺乳动物以下的有机体没有边缘系统。

边缘系统与动物的本能活动有关。动物的喂食、攻击、逃避危险、配偶活动等，可能由边缘系统支配。没有边缘系统的动物，上述行为只能通过刻板的行为方式实现。在哺乳动物中，边缘系统好像能抑制某些本能行为的模式，使机体对环境的变化能做出更好的反应。

人的神经系统（尤其是人脑）是人的心理活动最重要的生理基础。然而除此之外，人的内分泌系统也起着辅助的作用。人体有许多内分泌腺，内分泌腺分泌激素，激素渗透到血液或淋巴中，进而传遍整个机体。

激素具有调节有机体的功能并进而影响有机体活动的作用。这种调节作用虽然不像神经系统的调节那样迅速而直接，但比较稳定而持久。如果某种内分泌腺的活动失调，其功能亢进或不足，有机体的生理和心理活动就会出现障碍。

人体的内分泌腺主要包括脑垂体（分为前叶和后叶）、甲状腺、肾上腺（分皮质与髓质）和性腺等。有机体的内分泌腺的活动要受中枢神经系统的调节。中枢神经系统作用于内分泌腺，内分泌腺分泌激素影响各种器官的活动，这种调节也被称为"神经－体液调节"。于是，中枢神经系统一方面直接调节各种器官的活动；另一方面又作用于内分泌腺，通过激素影响它们的活动。

中枢神经系统调节内分泌腺活动的方式有两种：一是通过内分泌腺中的植物性神经直接调节，如肾上腺髓质就是由交感神经系统支配的；二是先影响脑垂体的活动，再由脑垂体分泌激素去调节其他分泌腺的活动。例如，中枢对性腺的调节就是经由脑垂体分泌的性腺刺激素进行的。此外，内分泌也影响中枢神经系统的功能。例如，如果甲状腺分泌过多，使中枢神经系统的兴奋度增高，病人常有烦躁不安、易于激动的表现。

（三）人的神经系统的结构和功能

脑是心理的器官，但脑并不能独立地产生心理活动。人的心理活动有赖于整个神经系统的作用，人脑只是其中的主要组成部分。

1. 神经元的基本结构及分类

（1）神经元的结构

人脑是由数以百亿的神经元所构成的，它们相互联结形成巨大的神经网络，是人的意识活动中最重要的生理基础。

神经系统主要由两种细胞——神经细胞和神经胶质细胞组成。神经细胞又称神经元，是神经系统最基本的结构和功能单位。神经胶质细胞对神经元的沟通有重要作用。首先，它们为神经细胞提供结构支持，就像葡萄架引导葡萄藤生长一样。在发育的后期，它们为成熟的神经元提供支架，并在脑细胞受到损伤时，帮助其恢复。其次，它们给神经元供给营养，清除神经元间过多的神经递质。血脑屏障就是由神经胶质细胞构成的，可以防止有毒物质侵入脑组织。最后，神经胶质细胞可以在神经元周围形成绝缘层，使神经冲动得以快速、准确的传递。这种绝缘层称为髓鞘。在个体发育过程中，神经纤维的髓鞘化，是行为分化的重要条件。当髓鞘受到损害时，可引起复视、震颤、麻痹等鞘膜性疾病。

神经元不尽相同，功能各异。一个典型的神经元结构主要由细胞体、轴突和树突三个部分组成。神经元具有接受刺激、传递信息和整合信息的功能，通常树突和细胞体接受传来的信息，细胞体对信息进行整合，然后通过轴突将信息传递给另一个神经元或效应器。有的轴突仅有 0.1 毫米长，而有些轴突却可长达 1 米。终止扣是大多数轴突的终止部分，通过终止扣连接其他神经元的树突和细胞体，使信息能够从一个神经元传递到另外一个神经元。

（2）神经元的分类

神经元根据其形态和功能特征，可分为感觉神经元、运动神经元和联络神经元。感觉神经元又称传入神经元，其功能是将连接在皮肤、肌肉、关节等感觉器官和内脏器官上的感受器接受的刺激信息经神经冲动传到中枢神经系统。运动神经元又称传出神经元，其功能是将中枢神经系统加工后发出的神经冲动传至肌肉、关节、腺体等效应器。联络神经元又称中间神经元，它们只存在于脑和脊髓之中，将来自感觉神经元的神经冲动传递给其他中间神经元或运动神经元，其主要功能是联结传入神经元和传出神经元的神经冲动。每个运动神经元具有多达 5000 个中间神经元，它们之间形成了一个巨大的中介网络。人脑中约有 $10^{10} \sim 10^{11}$ 个神经元，即约有 100 亿到 1000 亿个神经元，就像银河系中的星星那么多。令人惊异的是，每个神经元都能够把信息传递给约 1000 个之多的其他神经元。

2. 神经兴奋的方式——神经冲动

（1）神经元的兴奋

神经元受到刺激并产生兴奋是一种对刺激的反应能力，表现形式为神经冲动。神经冲动是神经组织的特性，它将信息从一个神经元传至另一个神经元。一般而言，神经冲动沿细胞轴突迅速向邻近的或下一个或多个神经元传递。

神经冲动传导是一种复杂的生物电和生物化学反应，它以物理的和化学的活动为基础。当神经元受到刺激时，会从静息状态转为活动状态，即神经冲动。神经冲动实质上是神经元内部产生了生物电变化。

当无刺激作用时，神经元细胞膜内外有一定电位差，膜内为负，膜外为正，电压相差 70 毫伏。这种在神经元处于静息状态下测到的电位，称为静息电位。可见，即使在静息状态下，神经元也是自发放电的。

静息电位是由神经元细胞膜的特性造成的，也与细胞内外的化学物质有关。细胞膜外是带正电荷的钠离子和带负电荷的氯离子，细胞膜内则是带正电荷的钾离子和带负电荷的大分子有机物。离子在细胞膜内外的出入是通过离子通道实现的。在一定条件下，使用离子泵让一些离子通过，而不让另一些离子通过，形成了细胞膜在不同条件下对离子的不同通透性。在静息状态下，细胞膜对钾离子有较大的通透性，对钠离子通透性很差，使钾离子经过离子通道外流，而钠离子却被挡在膜外，从而形成了内负外正的电位差，如图 1-2-3 所示。

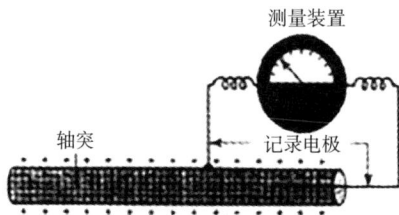

图 1-2-3　神经元内电流的测定

当神经细胞受到足够强的刺激时，细胞膜的通透性就会迅速发生变化，此时钠离子被泵入膜内，钠离子内流，膜内电位迅速上升，并高过膜外电位，使细胞膜内相对于细胞膜外变成正极，膜外为负极，出现去极化状态，这种在神经元受到刺激时发生的电位变化过程，称为动作电位，它表示神经元的兴奋状态。动作电位持续的时间大约为 1 毫秒，且在此期间即使再增加刺激强度，也不会引起神经冲动，神经细胞兴奋的这种特性遵循"全或无"定律。

神经元的动作电位和静息电位是交替出现的。当动作电位产生之后，细胞膜又关闭了钠离子通道，并恢复到 -70 毫伏的状态。此时，神经元重新恢复稳定状态。

（2）神经元内神经冲动的传导

神经冲动是在同一神经细胞内的传导，是一种生物电传导的过程。神经冲动在神经细胞内的传导与电流沿着导线运动不同。电流在导线内按光速运动，每秒

30万千米，而神经冲动在神经细胞内的传导速度仅为 3.2～320 千米 / 秒，从一个神经元发出动作电位到恢复静息状态的时间大约为 1/1000 秒。因此，人类神经冲动的传导速率大约为每秒 1000 次。可见，神经冲动传导是需要一定时间的，例如当手被烫着时，大脑并不是立刻就知道的，而是大约在 1/50 秒之后才得到信息。

神经冲动在神经元内的传导与动作电位具有密切关系。当动作电位产生时，神经纤维上的某个部位就会产生电位变化，细胞膜表面会由正电位变为负电位，而细胞膜内则由负电位变为正电位。但是，在还未受到刺激部位的地方，仍处于静息状态，依然为膜外为正电，膜内为负电。这样在神经细胞表面，就存在兴奋部位和静息部位之间的电位差，并产生了由没有兴奋部位的正电荷向兴奋部位负电荷的电流。膜内的兴奋部位与静息部位之间也出现了电位差，产生相反方向的电流。这样就构成了一个电流回路，使尚未兴奋部位的细胞膜的通透性发生变化，并产生新的动作电流。如此反复进行，兴奋就从一个神经元的一处传到另一处。由于动作电位产生服从"全或无"定律，因此神经细胞反应的强度并不随外界刺激的强弱而改变，信息在传导过程中的强度也不会衰减。

3. 神经元之间的联系——突触

一个神经元不能单独执行神经系统的功能，神经元之间必须相互联系，构成复杂的通路，才具有传递信息的功能。神经元之间的联系是通过突触进行和实现的。突触是一个神经元与另一个神经元相接触的部位。它们有三种接触形式：轴突与细胞体、轴突与轴突以及轴突与树突。信息通过突触，从一个神经元传至另一个神经元。人类神经元之间的连接基本上是生物化学性质的，当一个神经冲动到达轴突末梢时，会引起神经递质的释放。但在低等动物的神经系统中，存在着少量直接电传导的突触，而不依靠任何神经递质。

突触是控制信息传递的关键部位，它的特殊结构分为三个部分：突触前膜、突触间隙和突触后膜。突触前膜是由神经元轴突末梢膨大而成的球形小体，中间含有许多突触小泡，小泡内有神经递质，球形小体前方的质膜称为突触前膜。两膜之间的间隙称为突触间隙。突触后膜含有特殊分子受体。突触的特殊结构可以使神经冲动从一个神经元传递到与它相邻的另一个神经元。

神经冲动在突触部位的传导是通过电传导和生物化学传导两个过程完成的。

当一个神经元内的神经冲动传到轴突末梢时，突触前膜轴突末端膨大的突触小体中的突触小泡内储存的神经递质被释放出来，进入突触间隙，进入突触间隙中的神经化学递质与突触后膜特殊的分子受体结合，引起突触后膜电位变化，产生突触后电位，实现了神经冲动的传递，如图 1-2-4 所示。

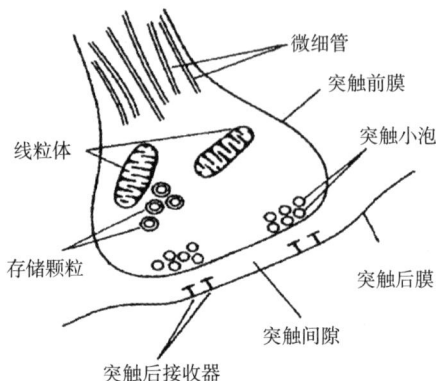

图 1-2-4 突触的结构

突触的信息传递主要是通过生物化学递质完成的。由于神经元的轴突末梢释放的递质不同，以及传递的信息各异，可以把突触分为兴奋性突触和抑制性突触。这两种不同类型的动作电位变化，是由突触小泡释放的不同生物化学递质与不同突触特殊分子受体结合造成的。神经元通过突触与多个神经元联系，神经元之间是兴奋还是抑制，是由兴奋性突触和抑制性突触的动作电位共同决定的，它们对于神经系统的功能起着重要作用。

二、心理是对客观现实的反映

（一）客观现实是心理的源泉和内容

人的心理的源泉是客观现实。人脑仅是产生心理的器官，它自身并不能产生心理，只有人与周围环境相接触，才能产生人的心理。一个人完全脱离了客观现实，心理就成了无源之水、无本之木，各种心理现象也就不可能产生。因此，人的心理内容，无论是简单的还是复杂的，都来源于客观现实。可见客观现实是第一性的，心理是第二性的。

客观现实是心理的源泉有这样几个层面的含义。

首先，人的心理的产生不能脱离社会客观现实。社会生活条件，包括被人们改造了的自然，如劳动工具、生活用具、交通工具、学校、工厂、农村、城市等，特别是生产劳动以及在社会生活中形成的人与人之间的种种关系，以及科学技术、文化教育、道德规范等，都作用于人，成为人的心理的决定性因素。在阶级社会里，由于生产关系的改变，人们在生产中的地位不同，所代表的利益不同，人的心理就不同，且带有阶级性。因此，人的心理在社会生活条件的影响下才能孕育产生。假如一个人出生后就离开人类社会而被野兽哺育长大，那么，这样的野生儿，即便具有人类的大脑，也不会具备人的心理。著名的印度狼孩卡玛拉的例子就说明了这一点。狼孩卡玛拉从小被狼叼走，大概六七岁的时候才被人类社会发现。刚被发现时，她的身上没有人类的习性，更多习性和狼一样。例如，眼睛适应黑暗并熠熠发光；鼻子嗅觉极佳；耳朵形大、扁平，会扇动，听觉极灵敏；皮肤异常敏感，胳膊长及膝盖，用四肢行走；只知道饿了找吃的，吃饱了就睡；不吃素食而要吃肉，而且不用手拿，放在地上用牙齿撕开吃；怕火、光和水，白天睡觉，晚上出来活动；不会讲话，每到午夜后像狼一样引颈长嚎。卡玛拉经过 9 年的教育，才掌握了 45 个词汇，勉强会说几句话，开始朝人的生活习性迈进。她死时估计已有 16 岁左右，但其智力却只相当于三四岁的孩子。这个例子说明，脱离了人类的社会生活环境，人很难发展出正常的人的心理，事后也很难补救。

其次，人类心理反映的内容都来自客观现实。有了光波的作用，人们才能分辨各种颜色和明暗有了物体的振动，人们才能听到各种各样的声音。人们看到、听到、想到、思考的内容都来自外部的世界，都能在外部世界找到依据。即使是天马行空的想象，其原型也都来自外部世界。有这样一个例子，一个十来岁的孩子看到《西游记》电视剧中二郎神和孙悟空斗法的片段，孙悟空变成一座土地庙，把尾巴变成旗杆立在庙后，二郎神认出是孙悟空，一枪下去将孙悟空打回原形，这个孩子看到这里哈哈大笑说："孙悟空真笨，尾巴变成旗杆干什么，把它变成一架高射炮，一炮就把二郎神打没了。"十来岁的孩子能想到的事情，为什么西游记的作者吴承恩想不到？这说明他的想象受到当时客观现实的限制，想象不到现实中完全没有的事物。在现实生活中，有部分人的心理反映的内容的确在现实中找不到依据，这种现象被称为"幻觉"，是一种异常的心理现象。

（二）心理是客观现实的主观反映

与照镜子不同，同样的外部客观事物反映在不同人的内心世界，所得到的映像常常大相径庭，甚至有天壤之别，这就是所谓的"仁者见仁，智者见智"。同样看到马蹄印，士兵想到疆场，农民想到耕耘。这里说的就是对相同事物的不同反应。

有这样一个故事。有位老太太生了两个女儿，大女儿嫁给了伞店老板，小女儿嫁给了洗衣作坊老板。于是，老太太整天忧心忡忡。遇上下雨天，她担心洗衣作坊的衣服晾不干；遇上晴天，她又生怕伞店的雨伞卖不出去。后来，一位聪明人告诉她："老太太，您真是好福气！下雨天，您大女儿家生意兴隆；大晴天，你小女儿家顾客盈门，哪一天你都有好消息啊。"同样的事情，在聪明人眼里和老太太眼里得到的是完全不同的印象，说明心理是对客观现实的主观反映。

（三）心理是对客观现实的能动反映

心理从其发生方式看是人对现实产生的主观映象。但是人对客观现实的反映，不是消极、被动的，而是积极、能动的。人在有目的的活动中，如学习、工作、劳动、文体活动、与他人交际，才能接触和认识客观事物，对不同的事物采取不同的态度，并做出相应的行动。人的心理对客观现实是能动的反映，表现在以活动的结果来改正错误反映，巩固正确反映，使人的认识不断精确化、完善化、由表及里、由现象到本质。人的心理的能动性还表现在对实践活动具有重要的指导意义。人生来是自由的，懦夫使自己成为懦夫，英雄把自己变成英雄。这段话其实也说明人的心理是能动地反映客观现实。在一些人生的重要关口，英雄做了英勇的选择，最后成为英雄；懦夫做了怯懦的选择，最后成为懦夫。这都是自己对外界做出的能动反映，从而影响了外部世界及其自身。现在很多人都知道，大学生就业困难，但还是有为数不少的大学生找到了称心的工作，或者自己创业成功。为什么同样是大学生，在就业难题面前却有着不同的人生际遇呢，这些人面对环境不是被动等待，而是积极准备，首先充实自己、提高能力，然后认真抓住每一次机会，这反映了心理对客观现实的能动作用。

三、心理是通过反射活动实现的

心理有了脑的物质基础，又有了客观现实这个外部依据，具体是怎么产生的呢？也就是说，客观现实是如何反映在脑中，从而产生心理过程和心理现象呢？这一切主要通过反射活动来实现。

（一）反射和反射弧

反射是指有机体在中枢神经系统的参与下，对刺激所做的有一定规律的反应。例如，眼睛遇到强光后会闭上或眨眼，食物放入口中会导致唾液分泌，等等。实现反射活动的神经结构被称为"反射弧"。反射弧是通过五个环节来实现的，即感受器→传入神经（感觉神经）→神经中枢→传出神经（运动神经）→效应器，如图 1-2-5 所示。

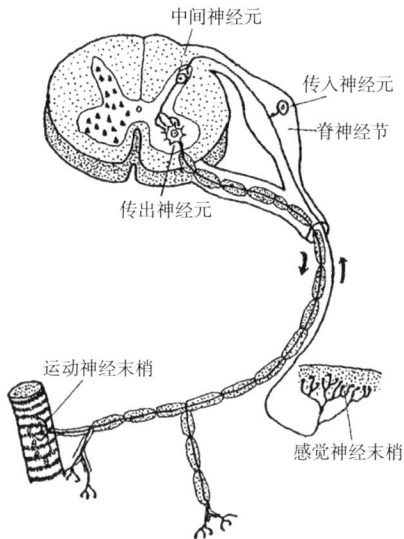

图 1-2-5　反射弧示意图

反射有同时进行的两条渠道：被称为反射弧的特殊通路和非特殊通路。
特殊的传入通路是由特定的神经纤维，把感受器中特定的感受细胞与大脑皮层相对应中枢的特定神经细胞联系起来，使感受器与大脑皮层相应中枢形成了空间对应关系。这种由一定刺激经过一定神经纤维通到脑的一定部位的神经联系就称为特殊的传入通路。传到中枢后还要传出，即经过神经中枢连接传到身体的某一条肌肉上去。身体某一条肌肉跟脑的哪一部位连接也是对应的，这种连接称为特殊的传出通路。它调节特定的骨骼肌肉群，产生特定的随意运动。特殊的传出通路由特定的中枢部位连接，这就构成反射弧的特殊通路。这条特殊通路保证了反射的准确性。

非特殊通路是通过脑干网状结构来实现的。传入神经由侧枝进入网状结构，网状结构把神经冲动传播到大脑皮层的广泛区域，保证机体的清醒状态。传出神经的侧枝经网状结构的转接，传到身体许多部位，协调肌肉的活动，保证一定的姿势，配合特定的随意运动。

当刺激作用于感受器时，感受器产生兴奋；所产生的神经冲动沿传入神经传到神经中枢；中枢对传入信息进行处理，产生兴奋过程；兴奋过程沿着传出神经传到效应器；效应器做出相应的动作（肌肉运动或腺体分泌）。例如，走在路上，听到有人喊自己的名字，会停下脚步扭头去看是谁在喊。这个普通的生活场景其实就是一个反射活动。耳朵听到声音，是声波的振动作用于耳朵这个感受器，然后产生的神经冲动传入听觉中枢，听觉中枢分析之后发现声音喊的是自己的名字，就做出停下脚步扭头看的决定，这个决定通过传出神经到达腿部肌肉和颈部肌肉，然后做出停下脚步扭头去看的动作。

近年来的研究表明，反射弧的图式并不能完全符合人的行为，因此，不少学者提出"反射环"的概念。他们认为，必须强调行为效果对神经中枢的反馈作用。神经冲动由中枢传到效应器，引起活动，活动的过程和结果又形成对有机体的刺激，引起传入神经冲动，这被称为"返回传入"，又被称为"反馈"。中枢神经系统根据返回传入的信息，对效应器的活动进行调节。反馈分正反馈和负反馈。如果反馈加强中枢的活动，被称为"正反馈"；如果反馈减弱中枢的活动，被称为"负反馈"。由于反馈的存在，有机体的反射活动才能连续地进行，其行为才能更好地适应周围环境。

（二）无条件反射和条件反射

反射按其发生方式分为两类，即无条件反射和条件反射。

1. 无条件反射

无条件反射是先天遗传的不学自会的反射。例如，婴儿出生后碰到奶嘴就会吮吸，有人突然在自己面前伸出拳头自己会不由自主地眨眼，等等。引起无条件反射的刺激被称为"无条件刺激物"（如针刺、火、冷空气等），当无条件刺激与相应的感受器接触，就会引起无条件反射。因此，无条件刺激又被称为"本能"。

无条件反射是在长期的生物进化过程中形成的，对每一个个体来说是先天具备的，是一种固定的神经联系。无条件反射是由低级神经中枢（脑干或脊髓）实现的，在人类和高等动物身上的无条件反射往往受到大脑皮层的调节，表现出随意性。无条件反射主要有三类，即食物性反射、防御性反射和性的反射。前两类是生来就有的，第三类是个体成熟到一定阶段后才出现的。无条件反射是动物适应外界环境、维持生存和种族繁衍的重要形式。

2. 条件反射

条件反射是高等动物在无条件反射的基础上，经过后天的训练而形成的反射，它是个体生活过程中为适应环境的变化而暂时建立起来的神经联系。条件反射又分成经典性条件反射和工具性条件反射。

（1）经典性条件反射

经典性条件反射是指一个原来并不能引起某种本能反射的中性刺激物，由于它总是伴随某个能引起该本能反射的刺激物出现，如此多次重复之后，这个中性刺激物也能引起该本能反射。巴甫洛夫称这种反射为条件反射或条件作用，后人称之为经典性条件反射或经典性条件作用。

形成条件反射的基本条件就是无条件刺激与条件刺激在时间上的反复结合，这个过程称为强化。如果多次单独使用条件刺激而不加以强化，条件反射会逐渐消退。这种现象称为条件反射的消退，如图 1-2-6 所示。

图1-2-6　经典性条件反射示意图

在巩固条件反射的基础上也能继续形成条件反射，这种条件反射称为二级条件反射。动物的进化程度越高级，条件反射的等级就越高。

（2）工具性条件反射

工具性条件反射又称操作性条件反射，是指在一定刺激情境中，如果动物的某种反应的后果能满足其某种需要，则以后它的这种反应出现的概率就会提高。工具性条件反射是有机体在后天生活过程中经学习而形成的一种反应形式，是美国心理学家斯金纳用白鼠和鸽子进行了一系列实验而提出的。

斯金纳认为强化是行为形成和改变的最根本的原因。他通过大量的动物实验，发现强化的效果主要取决于其时间和次数的分配，他把这种分配称为强化时程表。

强化时程表主要分为五种。

第一种，正确的反应每次均予以强化，这种做法不仅不经济，而且一旦不强化，很快就会消退。

第二种，定比间隔强化，即正确反应不是每次出现均予以强化，而是按一定次数比率予以强化，它有利于保持反应重复频率的平稳，但也容易因不强化而消退。

第三种，定时间隔强化，即不管正确反应发生的次数，而是按一定的时间间隔予以强化，它虽然不容易因不予强化而消退，但反应率（单位时间内反应重复的次数）不稳定。

第四种，不定比间隔强化，即以次数不定的间隔来强化，例如有时隔3次予以强化，有时间隔10次予以强化，它的效果最好，最不易因不强化而消退，而且反应重复的频率也最稳定。

第五种，不定时间隔强化，即以不定长的时间间隔来强化，例如有时隔一分钟强化，有时间隔五分钟强化，它也有不易消退的好处，反应重复频率的稳定性也与不定比间隔强化相似。

在实际生活中，人们很少在每次做对事后都受到强化，也很少受到定时或定比的间隔强化，而最经常受到的是既不定时也不定比的间隔强化。例如，儿童在日常作业中，进行了正确的算术运算，并非每次都受到老师或家长的注意而得到表扬，只是有时获得夸奖。这显然是不定时、不定比的间隔强化。

（三）两种信号系统

客观环境中的刺激可以分为两种性质不同的信号刺激物，与此相应存在着两种信号系统，即第一信号系统和第二信号系统。

第一信号指直接作用于感官的具体的条件刺激。由具体事物及其属性作为条件刺激而建立起来的条件反射系统称为第一信号系统。例如，让人闭上眼睛，在他嘴里放进一只酸梅子，他就会流唾液，这是无条件反射；而有吃梅子经历的人看见梅子时，也会流口水，这就是条件反射，即字面意思上的"望梅止渴"，它属于第一信号系统的活动。

第二信号指人类使用的言语、文字，这种言语和文字是具体事物或刺激物信号的信号，对第二信号发生反应的大脑皮层机能系统称为第二信号系统。人类不仅能够对具体刺激物（即第一信号）作出反应，而且对抽象概括的言语和文字（即第二信号）也能发生反应。由言语、文字等作为条件刺激而建立起来的条件反射系统称为第二信号系统。例如，当有吃过梅子经验的人，听到"梅子"这个词时也会流口水，这种"谈梅生津"即为第二信号系统的活动。

第一信号系统是人与动物共同具有的，依靠它只能对客观事物进行直接的反应。人类除了具备第一信号系统之外，还具备第二信号系统，它是人类特有的，能概括地反映客观事物，从而反映事物的本质与规律，以便更好地调节和控制行为。第二信号系统以第一信号系统为基础，能够对第二信号作出反映，是人类大脑皮层上的特有的机能。正是由于人有第二信号系统，所以人的心理反映的深度和广度是任何动物心理无法比拟的。在现实生活中，两种信号系统相互联系、协同活动，其中第二信号系统起主导作用。在教学过程中，教师在课堂上运用挂图、模型、标本等直观教具，并结合言语讲解，使学生在实物刺激和语言刺激方面建立条件反射活动的联合，将会极大地提高课堂教学效率和学生的学习效果。

词是一定具体事物的标志，经过多次重复，就能成为这类事物的信号。词具有概括性，如"房子"一词代表所有的房子。词是一种广阔、丰富、概括的刺激物。词与具体刺激物相联系，可以代替条件刺激发动已有的条件反射。例如，已形成铃响时进教室的条件反射后，被告知"铃响了"同样会进教室。由于词与具体事物相联系，也可以代替非条件刺激起作用。人的条件反射可以通过语言来强化、减弱和消退。例如，铃一响就对儿童说"快进教室"，以后只要铃一响，儿童就能走进教室。词往往比非条件刺激更有力，有时只要一次结合，就能形成条件反射，如教师可以通过语言（表扬或批评）来调节学生的行为。

掌握了词语的人，一般都是第一信号系统与第二信号系统协同活动，纯粹的第一信号系统活动或纯粹的第二信号系统活动是几乎没有的。第二信号系统的活动往往受第一信号系统活动的支持，第一信号系统的活动往往受第二信号系统活动的调节。两种信号系统的协同活动，是人类活动自觉性的一个必要条件。人们通过说出来的词可以对自己随时发出各种信号，命令自己去进行各种活动。正是词的这种作用，才使人的活动能够相对地脱离了各种客观事物的直接制约，形成心理活动的有意性和自觉性，以及一切随意活动和行为。

（四）高级神经活动的基本过程和规律

1. 高级神经活动的基本过程

高级神经活动有两种基本过程，一种是兴奋过程，另一种是抑制过程。这两种过程是高级神经活动矛盾而又统一的过程，有机体的一切反射活动都是由这两种神经过程的相互关系决定的。

所谓"兴奋过程"，是跟有机体的某些活动的发动或加强相联系的神经过程。

例如，灯光和食物本来不相关，可是当每次用灯光刺激狗后随即给狗食物，这样经过几次试验，灯光便可以成为食物反射的条件刺激物而引起狗分泌唾液。这一类条件刺激物被称为"阳性条件刺激物"，由阳性条件刺激物所引起的反射，被称为"阳性条件反射"。阳性条件反射即高级神经活动兴奋的表现。

所谓"抑制过程"，是跟有机体某些活动的停止或减弱相联系的神经过程。例如，当一只狗已经形成了电灯光刺激物分泌唾液的条件反射以后，实验者每次只给电灯光来刺激狗并不给狗食物，那么，经过几次实验，电灯光就不再引起狗的唾液分泌了。其原因就是，原来的阳性条件刺激物得不到强化，变成了阴性条件刺激物，这种条件刺激物的作用在狗的大脑皮层不是引起兴奋性的活动，而是引起抑制性的活动。这一类的抑制性的条件反射，被称为"阴性条件反射"，阴性条件反射是高级神经活动抵制过程的表现。

二者相互制约、相互平衡，从而构成了大脑皮层的全部高级神经活动。兴奋过程与有机体某些活动的发动或加强相联系；抑制过程与有机体某些活动的停止或减弱相联系。虽然兴奋过程和抑制过程的作用相反，但两者是相互依存、相互转化的。例如，听课时视觉和听觉中枢兴奋占优势，躯体运动中枢则处于相对抑制状态，从而保证了有机体活动的正常进行。

高级神经活动的兴奋过程会随环境条件的变化使某些条件反射减弱或消退，即高级神经活动产生抑制的过程。抑制过程分为非条件性抑制和条件性抑制。

（1）非条件性抑制

非条件性抑制又称为无条件抑制，是有机体与生俱来的先天性抑制，包括外抑制和超限抑制。

外抑制是当外界新异刺激出现时，对正在进行的条件反射产生的抑制。例如：突然出现巨响，使正在进行的活动暂停，这是由于额外刺激引起大脑皮层相应区域的兴奋，而这个新的兴奋中心迅速增强了它对周围大脑皮层某些区域的抑制。

超限抑制是由相对过强、过多、延续时间过久的刺激作用于大脑皮层使神经细胞产生的抑制，称为保护性抑制。超限抑制可以使大脑皮层细胞免受因兴奋过度而引起的损伤，是有机体自身的防御反应。人在熬夜、过度疲劳后倒头便睡，就是超限抑制的表现。

（2）条件性抑制

条件性抑制又称为内抑制，是在一定环境条件下逐渐习得的抑制，是中枢神经系统高级部位所特有的抑制过程。主要的内抑制分为消退抑制和分化抑制。

消退抑制是由于没有得到必要强化而产生的抑制，是条件性抑制的基本形式。消退抑制使原有的暂时神经联系受到抑制，从而造成条件反射的减弱或消失。例如，学习后若不进行练习强化，那么在学习中建立起来的暂时神经联系就会抑制消退，最后消失。

分化抑制是在建立条件反射时，只对条件刺激物加以强化，而对近似刺激物不予强化，经若干次后，只有条件刺激物引起条件性反应，而近似刺激物引起的反应受到抑制。分化抑制使有机体能够对外界环境进行精细分析，并做出准确反应。例如，在学习中，对"己""已""巳"的细微区别就是通过分化抑制实现的。

兴奋和抑制是互相依赖、互相对立、互相转化的过程。某一部位有时兴奋占优势，有时抑制占优势。就整个大脑来说，清醒时兴奋占优势，睡眠时抑制占优势。

2. 高级神经活动的基本规律

高级神经活动的兴奋过程和抑制过程遵循两个基本规律。

（1）兴奋和抑制的扩散与集中

在刺激物的作用下，兴奋或抑制在大脑皮层一定区域产生后，并非停滞原处，而是向邻近部位的神经细胞传播，这是兴奋或抑制的扩散。当扩散到一定限度，又逐渐向原来发生的部位聚集，这是兴奋或抑制的集中。

刺激物引起的中枢神经过程的强度决定兴奋或抑制的扩散和集中。当兴奋或抑制的强度过强或过弱时，易于扩散；当兴奋或抑制的强度适中时，易于集中。显然，只有在中等强度刺激下，兴奋容易集中并产生分化抑制，从而导致对刺激物准确的感觉定位。

（2）兴奋和抑制的相互诱导

兴奋和抑制紧密联系，其中一种中枢神经过程引起或加强另一种中枢神经过程，称为神经过程的相互诱导。相互诱导在时空上具有不同特点，中枢神经过程同时在大脑皮层区域之间发生的相互诱导是同时性诱导（发生在不同部位上）；

中枢神经过程相继在大脑皮层区域之间发生的相互诱导是继时诱导（发生在同一部位上）。相互诱导在效果上又分为负诱导和正诱导。由兴奋过程引起或加强邻近区域的抑制过程称为负诱导；由抑制过程引起或加强邻近区域的兴奋过程称为正诱导。例如，当专注阅读书本时，对周围环境中的人或事往往"视而不见，听而不闻"，这是负诱导现象。孩子临睡前的"闹觉"则是正诱导现象。兴奋过程和抑制过程的规律，使大脑皮层的机能得以协同活动，从而保证了个体对客观事物和现象的正确反映。

兴奋和抑制都不会停滞不动而局限在原发生的那一点上，它会向邻近部分传布开来，使这些部分也出现同样的过程，这种现象被称为"兴奋和抑制的扩散"。同扩散相反的过程，是神经过程在比较狭窄的地区的集中，这种集中现象是在扩散的基础上产生的。当兴奋或抑制在大脑半球上产生后，在初期扩散的基础上必然要逐渐集合，并在脑的一定轨道、路线和点上集中起来。

兴奋和抑制的扩散和集中主要由三个条件决定，即取决于外界刺激物的强度、中枢神经系统的机能状态、人的高级神经活动的类型。动物和人的高级神经活动都是以扩散和集中规律为基础的。例如，人们学习知识，开始很容易把类似的内容混淆起来，很多概念混乱不清，这实际上是刺激的蔓延，是扩散规律在起作用；经过反复的练习，所学内容的区分越来越清楚，很多混乱的概念也能找出它们之间的区别，这就是集中的结果。在生理机制上，前者同泛化有关，后者同分化有关。

第三节　心理学的研究方法

人的心理现象是最复杂的现象，也是最难被人认识和理解的领域。只有坚持辩证唯物主义方法论，才能掌握人的心理发生和发展的规律。

一、心理学研究的基本方法

心理学的研究方法很多，常用的有观察法、实验法、测验法、问卷法、访谈法、产品分析法、个案法、教育经验总结法和跨文化研究法等。

（一）观察法

观察法是有计划地对被观察者的活动、行为和语言及其发生的条件进行观察，以研究其心理活动的方法。在自然的情境中，对人的心理进行直接观察称为自然观察法，在预先设置的情境中进行观察称为控制观察法。观察法比较简单易行，是运用最广的方法。教师可以通过长期观察学生的课堂活动、课外活动、生活、劳动，逐步掌握学生的心理活动规律。这种方法的优点是获得的材料比较真实，但是不易对观察的材料做出比较精确的分析和判断。

要有效地运用观察法，首先要求必须有明确的计划和目的；其次应翔实、全面地做观察记录，并充分利用现代化手段，如录音、录像等，以备反复观察及分析之用。

（二）实验法

实验法是有目的地控制或创设一定的条件，以引起被实验者的某种心理现象，从而研究其心理规律的方法。实验法的特点在于研究者可以主动地选择时间、地点并严格控制条件，以引起需要研究的心理现象，并能依据目的，使心理现象重复发生，以便进行反复观察，积累材料，从而得出科学的结论。研究者可以改变条件，并根据条件的变化和心理现象变化之间的关系，探索心理现象发生和发展的规律。

实验法有两种：自然实验法和实验室实验法。

1. 自然实验法

自然实验法是在日常活动中，适当控制某些条件并结合日常业务工作研究心理现象的方法。由于自然实验法能把心理学研究与平时的业务工作结合起来，而且研究的问题来自实际，所以具有直接的实践意义。因此，它也是教师在教育和教学过程中研究学生心理活动常用的方法。例如，对于教学内容和教育方法的改革实验，便可以在学校的日常教学情况下，就同一内容或同一方法在条件基本相同的同一年级的几个班或同一班内的几个小组进行。

2. 实验室实验法

实验室实验法是在专门的实验室内运用仪器，严格控制实验条件以研究心理活动的规律的方法。实验室实验法对研究人的心理过程，如感觉、知觉、记忆等，有其自身的优势；但对复杂的心理活动，如性格、意志等，使用实验室实验法则较为困难。实验法的实验结果往往与实际生活中的心理现象有一定距离，因此将它的结果用以指导生活实践也有一定的局限性。

（三）测验法

测验法是心理学研究的重要方法，包括心理测验和评定量表两种，是根据预先制定的测验量表来测定人的能力和心理特征等方面的个别差异的一种方法。测验法在心理研究应用中非常广泛，凡有关智力、记忆、人格等心理研究无不都在应用心理测验或评定量表。测验的种类主要有智力测验、品格测验和能力倾向测验等。测验法的特点是用统一标准刺激，在一般情况下对要研究的心理品质做出标准化计量。在检测计量结果时要与其他方法相互印证。现代心理研究方法的实验法往往借测验法选择样本，进行观察。

（四）问卷法

问卷法是研究者事先拟好书面问题，由被试者书面回答问题，以分析他们的心理活动的方法。这种方法的优点在于它比较容易和迅速地得到大量资料，便于进行定量分析。这种方法的缺点是研究者与被试者之间缺乏个人接触，而且不易把答案同被试者的言行相比较。问卷法提出的问题应该清楚、易懂、明确，不应模棱两可，也不应有暗示性。在运用问卷法时，如能与其他方法结合起来，如同时应用观察法等对学生的回答加以检验，那么就能得到更可靠的结论。

（五）访谈法

访谈法是研究者根据拟好的问题同被试者进行访谈，以了解其心理活动的方法。这是教师经常采用的一种研究学生心理活动的方法。要使访谈法取得好的效果，研究者必须取得被试者的信任，提出的问题要简单明白，易于回答，而且要当面回答，提出的问题不可有暗示性。根据访谈对被试者的心理活动做出判断或结论，往往带有主观片面的成分，因此，研究者常把访谈法与其他方法结合使用。

（六）产品分析法

产品分析法又称作业分析法，它是通过被试者的活动成果，如日记、作文、试卷、图画、手工产品等来研究其心理活动的方法。在心理学研究中，产品分析法往往是辅助性的方法。

现代心理学家一般认为，研究人的心理特点，不仅要研究制作成功后流通的产品，还要研究产品的实体生产过程，因为在产品的生产过程中，人的心理特点表现更为明显。

（七）个案法

个案法是纵向研究采用的一种方法。对被试者在较长时间里（一年、几年或更长的时间）连续进行了解，以研究其心理的发展变化，这种研究方法就是个案法。这是一种连续性的、追踪性的研究方法。此法易于了解心理发展的趋势，也能研究个别差异。采用此法时，必须持之以恒，设计要周密合理。

（八）教育经验总结法

这是在教育心理研究中，常为教育工作者广泛采用的方法。教育工作者自己或与心理学工作者一起从教师丰富的教育实践中总结学生掌握知识、技能，形成道德品质，群体的人际交往以及良好的集体形成的规律。这种方法不仅对改进教育与教学工作十分必要，而且是丰富与发展心理学自身所需要的。但是，教育工作者要善于总结，就必须认真学习并掌握心理学的理论知识。

（九）跨文化研究法

跨文化研究法是研究不同的文化背景对人的心理活动特点的影响的方法。跨文化研究法多用于不同民族的认知特点、个性心理特征与个性倾向性等方面的研究。

心理学的研究方法很多，上述只是几种比较常用的方法。由于人的心理活动极为复杂，加之每一种方法都有其局限性，因而在研究某一心理课题时不能只用一种方法，而必须综合运用几种不同的方法。其中，有的可能以某种方法为主，其他方法为辅；有的则可以同时运用几种方法。只有这样，才能互相补充，取长补短，获得心理研究的科学效果。

二、心理学研究的基本原则

（一）客观性原则

客观性原则要求对任何心理现象必须按它们的本来面貌加以考察，必须在人的生活和活动中进行研究。因此，要反对从主观臆想出发加以揣测，要主张从客观实际出发，通过研究产生心理现象的原因来研究人的心理。

（二）系统性原则

系统性原则要求坚持系统、整体的观点，既要对人的心理进行多层次、多因素的系统分析，也要对各种心理现象及其形成的因素之间相互作用的关系进行整合的研究。把心理现象看作某种独立存在的东西，进行孤立的研究是不能取得科学性的结果的。所以，在心理学研究中，必须在各个因素的相互作用中去认识整体，注意贯彻系统性原则，着重研究各个过程、状态之间的联系及其整合。

（三）发展的原则

发展的原则即坚持发展的观点，这是辩证唯物主义心理学中的一个重要原则。唯物辩证法指出，世界上一切事物都处在不断变化和运动之中，心理活动及大脑也是不断变化、发展着的。在研究心理活动时，反对把心理现象看作凝固的、静止的、孤立的东西。例如，不仅要注意到学生已经形成和确定了的心理特点，还要注意可能产生的新的心理品质，预见学生未来的发展。

（四）实践性原则

实践性原则一方面要求心理学研究实践中出现的心理方面的问题，另一方面要求将心理学的研究成果应用于实践。心理学的研究成果只有在实践中才能体现其价值。心理学的研究若脱离了实践，将不会有任何收效。

（五）教育性原则

教育性原则强调，研究学生心理的目的是更好地教育学生，其研究成果要为培养学生的全面素质服务，为提高教育、教学质量服务。因此，研究工作者不仅要在选题与设计研究方案方面考虑教育意义，而且在实施研究的过程中，也要做出表率，给学生留下良好的教育影响，绝不允许给他们的身心造成任何伤害。

第二章　注意

注意不是一种独立的心理过程，它只是伴随着其他心理过程而存在的一种意识倾向性。在教学过程中，如何帮助学生集中注意力，是教师的一门教学艺术，同时也是提高教学质量的重要保证。本章为注意的相关内容介绍，共分为三节内容，分别为注意的概述、注意的品质及培养、注意规律在教学中的运用。

第一节　注意的概述

一、注意的基本概念

（一）什么是注意

注意（attention）是和意识紧密相关的一个概念，但不同于意识。简单地说，注意是心理活动或意识对一定对象的指向与集中。

注意有两个特点：指向性与集中性。

注意的指向性是指人在每一瞬间，他的心理活动或意识选择了某个对象，而忽略了另一些对象。例如，一个人在剧院里看戏，他的心理活动或意识选择了舞台上演员的台词、动作、表情、服饰，而忽略了剧场里的观众。对前者他看得清、记得牢，而对后者只能留下非常模糊的印象，甚至看完了戏，还不知他邻座的观众是一个什么样的人。因此，注意的指向性是指心理活动或意识在哪个方向上进行活动。指向性不同，人们从外界接收的信息也不同。当心理活动或意识指向某个对象的时候，它们会在这个对象上集中起来，即全神贯注起来。这就是注意的集中性。例如，医生在做复杂的外科手术时，他的注意高度集中在病人的病患部位和自己的手术动作上，与手术无关的其他人和物，便排除在他的意识中心之外。如果说，注意的指向性是指心理活动或意识朝向哪个对象，那么，集中性就是指心理活动或意识在一定方向上活动的强度或紧张度。心理活动或意识的强度越大，紧张度越高，注意也就越集中。

人在高度集中自己的注意时，注意指向的范围就缩小。这时候，他对自己周围的一切就可能"视而不见，听而不闻"了。从这个意义上说，注意的指向性和集中性是密不可分的。

（二）注意和意识

一方面，注意不等同于意识。一般说来，注意是一种心理活动或"心理动作"，而意识主要是一种心理内容或体验。假如把人脑比喻为一台电视机的话，注意就是对电视节目进行选择的过程，而意识则是出现在电视屏幕上的内容。注意提供了这样一种机制，决定什么东西可以成为意识的内容，而什么东西不可以。与意识相比，注意更为主动和易于控制。在人们将注意集中于特定事物或活动，或将一定事物"推"入意识中心时，通常包含了无意识的过程。人们可以有意识地选择所要注意的活动或对象，但在很多情况下，这种选择并不是有意识的，而是由刺激和事件本身引起的，是一个无意识过程。

另一方面，注意和意识密不可分。当人们处于注意状态时，意识内容比较清晰。人从睡眠到觉醒，再到注意，其意识状态分别处在不同的水平上。睡眠是一种无意识的状态。人在睡眠时，他意识不到自己的活动或外部的刺激，或不能清晰地意识到自己的活动或外部的刺激。从睡眠进入觉醒以后，人开始能意识到外部的刺激和自己的活动，并且能有意识地调节自己的行为。但是，即使人在觉醒状态下，也不能意识到所有的外部刺激、事件和自己的行为，而只能意识到其中的一部分。人的注意所指向的内容，一般处于意识活动的中心。因此，对于注意指向的内容，人的意识比较清晰和紧张。

总之，在注意条件下，意识与心理活动指向并集中于特定的对象，从而使意识内容或对象清晰明确，意识过程紧张有序，并使个体的行为活动受到意识的控制，而进入注意的具体过程则可能是无意识的，即有时包含了无意识过程。

（三）注意的外部表现

注意是一种内部心理状态，可以通过人的外部行为表现出来。例如，人在注视一个物体或倾听某种声音时，他们的感觉器官常常朝向所注意的对象，以便得到最清晰的印象。注意时，人的血液循环和呼吸都可能出现变化，如肢体血管收缩，头部血管舒张，吸气变短而呼气相对延长，等等。当注意力高度集中时，还常常伴随某些特殊的表情动作，如托住下颔、凝神远望、眼光似乎呆滞在某处等。注意的外部表现可以作为研究注意的客观指标。但是，注意作为一种内部心理状态，它和外部行为表现之间并不总是一一对应的。例如，当人的视线落在某个物体上时，他的注意可能指向完全不同的物体。在课堂上，学生可能用眼睛盯住教师，装出一副认真听讲的样子，而实际上，他的注意全然不在教师讲课的内容上，而指向与教学无关的其他事物。可见，只用注意的外部表现来说明一个人的注意状态，有时可能得出错误的结论。

（四）注意的功能

注意的基本功能是对信息进行选择。周围环境给人们提供了大量的刺激，这些刺激有的对人很重要，有的对人不那么重要，有的毫无意义，甚至会干扰当前正在进行的活动。人要正常地生活与工作，就必须选择重要的信息，排除无关刺激的干扰，这是注意的基本功能。注意对信息的选择受许多因素的影响，如刺激物的物理特性，人的需要、兴趣、情感，过去的知识经验等。

在注意指向某个对象之前，或有意识地加工某种输入的信息之前（前注意阶段），某些不受意识控制的、自动化的信息加工就已开始了。但这些过程并不能取代注意在人的心理活动和行为中的重要作用。注意指向并集中在一定对象之后，会保持一定时间的延续，维持心理活动的持续进行。这时被选定的对象或信息居于意识的中心，非常清晰，人们容易对它做进一步的加工和处理。有人认为，人对外界输入信息的精细加工及整合作用都是发生在注意状态下。在前注意状态下，人们只能对事物的个别特征进行初步加工；在注意状态下，人们才能对个别特征的信息进行精细加工并整合为一个完整的物体。

负启动（negative priming）现象揭示了注意在认知活动中的复杂作用。研究负启动通常采用如下方法：首先给被试者呈现两个不同颜色的字母（启动刺激），要求被试者识别其中一个字母（目标字母），而忽略另外一个字母（忽略字母）。紧接着呈现探测刺激，也是两个不同颜色的字母。在目标重复启动条件中，启动刺激中的目标字母与探测刺激中的目标字母是一致的；在忽略重复条件中，启动刺激中的忽略字母与探测刺激中的目标字母是一致的；在控制条件中，启动刺激与探测刺激没有任何关系。研究表明：在目标重复条件下，识别探测刺激的目标字母比在控制条件下的字母要快；而在忽略重复条件下，识别目标字母则比识别控制条件下的字母要慢。前者是启动效应，后者是负启动效应。

对负启动效应的一般解释是：在对启动刺激进行加工时，注意在对目标字母进行选择和识别的同时，抑制了忽略字母的激活。不过也有人认为，负启动效应的原因是当探测刺激中的目标字母在启动刺激中未被注意时，二者在呈现时间上的区别性降低，因此使被试者产生混淆，从而影响对该目标字母的识别。注意不仅是个体进行信息加工和各种认知活动的重要条件，也是个体完成各种行为的重要条件。在注意状态下人们才能有效地监控自己的动作和行为，从而达到预定目的，避免失误，顺利完成相应的工作任务。

总之，注意保证了人对事物更清晰的认识、更准确的反映和进行更可控有序的行为。这是人们获得知识、掌握技能、完成各种智力操作和实际工作任务的重要心理条件。

二、不随意注意、随意注意和随意后注意

我们对事物的注意，有时是自然而然发生的，不需要任何意志的努力；有时是有目的的，需要付出意志的努力来维持。这样，我们可以将注意分成不随意注意、随意注意和随意后注意三种。在日常生活和工作中，特别是在教师的教学工作中，了解注意的种类及其产生的条件，具有重要的意义。

（一）不随意注意

1. 不随意注意的概念

不随意注意是指事先没有目的、也不需要意志努力的注意。例如，我们正在教室内聚精会神地听讲，突然从教室外闯进来一个人，这时大家不约而同地把视线朝向他，并且不由自主地引起了对他的注意。在这种情况下，我们对要注意的东西没有任何准备，也没有明确的认识任务。注意的引起与维持不是依靠意志的努力，而是取决于刺激物本身的性质。在这个意义上，不随意注意是一种消极被动的注意。在这种注意活动中，人的积极性的水平较低。

2. 引起不随意注意的原因

（1）刺激物自身的特点。刺激物自身的特点包括刺激物的新异性、刺激物的强度、运动变化等。所谓新异性是指刺激物的异乎寻常的特性。例如，自幼生活在海南岛或广东省的人，没有亲眼见过冬天从天空飘落的雪花，当他们迁居到北方，第一次见到漫天飞舞的大雪时，自然容易引起他们的不随意注意。环境中出现的强烈刺激也容易引起不随意注意，如一声巨响、一道强光、一股浓烈的气味、一下猛烈的碰撞，都会不由自主地引起我们的注意。对不随意注意来说，起决定作用的往往不是刺激的绝对强度，而是刺激的相对强度，即刺激物强度与周围物体强度的对比。在夜深人静时，室内时钟的嘀嗒声、冰箱马达的嗡嗡声、邻居在房内的踱步声，都能引起我们的注意。而在白天周围环境噪声的掩盖下，这些微弱的声音就不为人们所注意。另外，运动的物体比静止的物体更容易引起人们的不随意注意。

（2）人本身的状态。不随意注意不仅由外界刺激物被动地引起，而且和人自身的状态、需要、情感、兴趣、过去经验等有着密切的关系。在相同的外界刺激的影响下，由于人自身的状态不同，不随意注意的情况也不同。

需要既是人们主动地探索环境的内部原因，也是引起不随意注意的重要条件。凡是符合人的需要的事物，都容易吸引人们的注意。例如，建筑师由于职业的需要，当他们在外地旅游的时候，那里的各式各样的建筑物，都会自然而然地吸引他们。兴趣是人的认识性需要，它对不随意注意的发生也有重要的影响。

期待也是引起不随意注意的重要条件。我们听过一次"序列学术"讲座后，由于期待着下一次讲座，因此，有关下一次讲座的通知，就很容易吸引我们的注意。小说的作者或说书人在描写到紧张的情节时，忽然故意停住，并照例添上一句结束语"欲知后事如何，且听下回分解"，目的就是使人们产生对新章回的期待，以便吸引人们的注意。

不随意注意既可帮助人们对新异事物进行定向，使人们获得对事物的清晰认识，也能使人们从当前进行的活动中被动地离开，干扰他们正在进行的活动，因而具有积极和消极两方面的作用。对教师来说，正确掌握不随意注意的规律，对做好教育、教学工作是有帮助的。

（二）随意注意

1. 随意注意的概念

随意注意是指有预定目的、需要一定意志努力的注意。当我们阅读一篇教育论文的时候，由于认识到学习这篇文章的主要意义，我们便自觉、自动地将心理过程集中指向这篇文章的内容，积极选择文章所提供的各种信息。当学习中遇到困难或环境中出现种种干扰学习的因素时，我们通过意志的努力，使注意力坚持在要学习的东西上。这种注意便称为随意注意。它是注意的一种积极、主动的形式。如果说动物也有不随意注意的话，那么只有人才有随意注意。因此，在种系发展上，随意注意出现得较晚。

2. 引起随意注意的主要原因

（1）对注意目的与任务的依从性。前面我们讲过，随意注意是一种有预定目的的注意。目的越明确、越具体，越易于引起和维持随意注意。大家都知道，有经验的教师常常要求学生上课前进行预习，事先了解这节课要讲的内容，知道哪些地方自己没有看懂，这样做就是为了引起学生的随意注意。学生有了比较明确而具体的听课目的，就能更有效地从课堂上选择信息。

（2）对兴趣的依从性。有趣的事物容易引起随意注意。在随意注意的产生中，间接兴趣有重要作用。成年人学外语困难很多，背单词、背课文，常使人感到枯燥乏味，但是不少人认识到掌握外语的重要意义，仍然刻苦攻读。这种对活动结果的兴趣，即间接兴趣，能够维持人们稳定而集中的注意。

（3）对活动组织的依从性。能否正确地组织活动，也关系到随意注意的引起和维持。有些人养成了良好的工作习惯和生活习惯，起居饮食很有规律。这样，在规定的工作时间内，他能全神贯注地工作。相反，一个没有良好生活习惯的人，整天处于忙乱状态，在必要时就难以组织自己的随意注意。把智力活动与某些外部活动结合起来，也有利于注意的维持。例如，在阅读较难的作品时，适当做笔记，可以帮助人们长久地把注意集中在这种读物上。

（4）对过去经验的依从性。知识经验对随意注意也有重要的影响。一方面，人们对自己异常熟悉的事物或活动，可以自动地进行加工和操作，无需特别集中的注意。另一方面，人们想要在活动中维持自己的注意，又和他们的知识经验有一定关系。以听报告为例，如果报告的内容和自己已有的知识经验有联系，自己能理解它、接受它，那么维持注意就较容易。相反，如果报告的内容对自己来说太陌生，像听"天书"一样根本不知所云，要维持集中的注意就很困难了。

（5）对人格的依从性。一个具有顽强、坚毅性格特点的人，易于使自己的注意服从于当前的目的与任务；相反，意志薄弱、害怕困难的人，不可能有良好的随意注意。

在教学工作中发展和培养学生的随意注意，是教师的一项重要任务。学习是一种艰苦的智力活动。在学习过程中，仅仅利用不随意注意的规律，是远远不够的。为了使学生牢固地掌握知识和技能，应该帮助学生树立明确的学习目的、发展多方面的兴趣与爱好，培养良好的人格品质。这样，才能使学生不畏惧在攀登知识高峰的征途上的艰难险阻，在困难的条件下，也能坚持不懈地努力学习。

（三）随意后注意

随意后注意是注意的一种特殊形式。从特征上讲，它同时具有不随意注意和随意注意的某些特征。比方说，它和自觉的目的、任务联系在一起，类似于随意注意；但它不需要意志的努力，又类似于不随意注意。从发生上讲，随意后注意是在随意注意的基础上发展起来的。

随意后注意既服从于当前的活动目的与任务，又能节省意志的努力，因而对完成长期、持续的任务特别有利。培养随意后注意关键在于发展对活动本身的直接兴趣。当我们完成各种较复杂的智力活动或动作技能的时候，我们要设法增进对这种活动的了解，让自己逐渐喜爱它，并且自然而然地沉浸在这种活动中。这样，才能在随意后注意的状态下，使活动取得更大的成效。

三、选择性注意、持续性注意与分配性注意

（一）选择性注意

选择性注意（selective attention）是个体在同时呈现的两种或两种以上的刺激中选择一种进行注意，而忽略另外的刺激。例如，在双耳分听实验中，用耳机分别向被试者的双耳呈现不同的声音刺激，要求被试者注意其中一耳的刺激，而忽略另一耳的刺激。用这种方法可以考察选择性注意。对选择性注意的研究，可以揭示人们如何有效地选择一类刺激而忽略另一类刺激、选择的具体过程，等等。关于注意的选择机制，将在下一节介绍。

（二）持续性注意

持续性注意（sustained attention）是指注意在一定时间内保持在某个认识的客体或活动上，也称为注意的稳定性。例如，学生在45分钟的上课时间内，使自己的注意保持在与教学活动有关的对象上；外科医生在连续几小时的手术中聚精会神地工作；雷达观察站的观测员长时间地注视雷达荧光屏上可能出现的光信号，这些都是持续性注意的表现。

注意的持续性是衡量注意品质的一个重要指标。它在人们的工作和生活中具有重要的意义。学生必须具有持续的注意，才能有效地接受教师传授的知识；工人必须具有稳定的注意，才能正确地进行生产操作，排除障碍和避免各种意外的事故，按质按量地完成生产任务；战士也必须具有持续的注意，才能坚守在祖国的边防线上，时刻警惕着一切敢于进犯的敌人，保卫祖国的大好河山。可以说，没有持续的注意，人们就难以完成任何实践任务。

持续性注意通常用警戒作业来测量。这种作业要求被试者在一段时间内，持续地完成某项工作，并用工作绩效的变化作指标。

注意动摇不同于持续性注意，它是指注意在短暂时间内的起伏波动。注意的动摇可以用图形演示出来（图 2-1-1）。当我们注视面前的这个棱台框架时，我们时而觉得小方框平面位于前方，大方框平面位于后方；时而又觉得小方框平面位于后方，而大方框平面位于前方。这种反复的变化是由注意的动摇造成的。

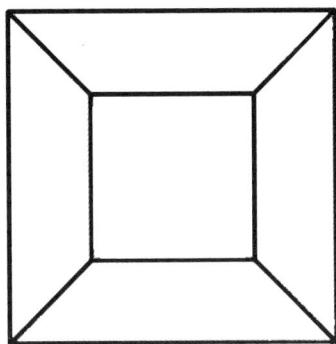

图 2-1-1　注意的动摇

在任何一个比较复杂的认识活动中，注意的动摇总是要发生的。只要我们的注意不离开当前活动的总任务，这种动摇就没有消极的作用。但是，在某些要求对信号做出迅速反应的日常活动和实验作业中，仍有必要顾及注意的动摇。有人用实验测出，注意动摇（即每一次起伏）的时间平均为 8～12 秒。如果在百米竞赛的预备信号之后，相隔太长时间才发出起跑信号，那么由于运动员注意的动摇就可能使成绩受到明显的影响。如果预备信号与起跑信号间只相隔 2～3 秒，注意动摇的不良后果就可能消除。

对于注意动摇的原因，有两种解释：一种意见认为，注意动摇是由于感觉器官的局部适应，使对物体的感受性交替而短暂地下降；另一种意见认为，有机体的一系列机能活动都具有节律性，如呼吸的节律、血压的节律、神经元活动的节律性等。注意的动摇是由机体的这种节律性活动引起的。

（三）分配性注意

分配性注意（divided attention）是个体在同一时间对两种或两种以上的刺激

进行注意，或将注意分配到不同的活动中。例如，学生在课堂上一边听讲，一边记笔记；汽车司机在驾驶汽车时手扶方向盘，脚踩油门，眼睛还要注意路标和行人；等等。

研究分配性注意最常用的方法是双作业操作，即让被试同时完成两种作业，观察他们完成作业的情况。在实验室中，注意的分配可以用双手协调器来演示和测定。在一块金属板上镂刻出一条弯曲的槽孔，槽孔内立着一根金属针。由左右两个旋转把柄带动金属针，可以在槽孔内做左右和前后的运动。实验时，被试用左右两手分别握住旋转把柄，调节金属针在槽孔内由一端向另一端运动。如果双手配合不好，金属针碰上槽孔的边缘，就会接通电流而使警铃发声。记录被试调节金属针从一端到达另一端的时间，以及运行中出现的错误数量，就可以代表他们注意分配的情况。

分配注意或注意的分配是完成复杂工作任务的重要条件。如果一个汽车司机不能同时把注意分配在不同的活动上，就不能成为一个合格的司机。有些交通事故正是由于司机不能很好地分配注意造成的。对教师来说，注意的分配也很重要。有经验的教师在讲课的同时，还能较好地照顾全班同学的活动，谁开小差了，谁在向邻座的同学递纸条，谁在偷看课外书籍，他们都一清二楚。可见，教师注意的分配直接关系到课堂教学组织的好坏。

注意分配的一个基本条件，就是同时进行几种活动的熟练程度或自动化程度。如果人们对这几种活动都比较熟悉，其中有的活动接近于自动地进行，那么注意的分配就较好；相反，如果人们对要分配注意的几种活动都不熟悉，或者这些活动都较复杂，那么分配注意就比较困难了。另外，注意的分配也和同时进行的几种活动的性质有关。一般来说，把注意同时分配在几种动作技能上比较容易，而把注意同时分配在几种智力活动上就难得多了。通过对双作业操作的研究发现，当两种作业难度增加时，作业完成的质量和水平将会下降。说明作业难度增加后，每一种作业对注意的要求将会增加，注意的分配也更困难。

第二节　注意的品质及培养

一、注意的品质

（一）注意的范围

注意的范围也称注意的广度，是指在同一有限时间内所能注意到对象的数量。各种注意的范围可以通过测量来确定。例如，用速视器测定，在 1/10 秒时间内，成人一般能注意到 4～6 个彼此不相联系的外文字母，或者 8～9 个黑色圆点。注意范围的大小受多种因素制约，这些因素主要包括以下几个方面。

（1）知觉对象的特点

注意对象越相似、越集中、排列越有规律，越能构成相互联系的整体，注意的范围就越大。哈密顿曾做过这样的实验，他在地上撒了一把石子，发现被试很不容易立刻看到六个以上，但是，如果把石子两个、三个或者五个一堆，能掌握的堆数与单个的数目一样多，因为人会把一堆看成一个单位。另外，研究表明，颜色相同的字母要比颜色不同的字母的注意范围大；对排列成一行的字母要比分散在各个角落上的字母的注意数目多；对大小相同的字母，要比对大小不同的字母注意的数量多；对组成词的字母所注意的范围，要比对孤立的字母所能注意的范围大。

（2）知觉者的经验

知觉者的经验越丰富，就越善于把所感知的对象组成一个整体来感知，因而注意的范围就越大。如文化水平高的人，看书时对文字的注意就比文化水平低的人大得多。

（3）知觉者的活动任务

知觉任务越简单，注意范围就越大；知觉任务越复杂，注意范围就越小。如只要求注意外文字母的多少，注意范围就大；如果还要求看出字母书写的错误，注意范围就小。

（二）注意的稳定性

注意的稳定性又称为注意的持久性，是指人的心理活动持久地保持在一定事物或活动上的特性。注意力集中的持续时间越长，注意稳定性越长。据观察，不同年龄的学生维持集中注意的时间是不同的，小学生可维持 20～25 分钟，中学生可维持 30～40 分钟。

注意的稳定性有狭义和广义之分。狭义的注意稳定性是指注意保持在同一对象上的时间。人在感知同一事物时，注意很难长时间地保持固定不变。如在听觉方面，把一只表放在耳朵一定距离处，使耳朵刚好能听到嘀嗒声，这样就会有时听到表的声音，有时听不到，或者感到表的声音一会儿强，一会儿弱。注意的这种周期性的变化，称为注意的起伏现象。注意的起伏是正常现象，它能防止疲劳，提高稳定性。

广义的注意稳定性是指保持在同一活动上的时间。也就是说，注意并不总是指向同一对象，但注意的对象和行动有所变化时注意的总方向不变。如学生既要听教师讲课，又要做笔记，还要看实验演示，所有这些都是服从于听课这一总方向、总任务，因此，他们的注意是稳定的。

在学校各种活动中，学生注意能否长久保持稳定，与以下因素有关。

（1）注意对象的特点

内容丰富、复杂多变，且在一定范围内运动着的注意对象，注意就易稳定和持久；反之，内容贫乏、单调而静止的对象，注意就不易稳定。

（2）对活动的态度

一个人对所从事活动的目的和任务有明确的认识，对意义理解的深刻，又有浓厚的兴趣和高度责任心，就会对活动持积极的态度，因此注意就能持久稳定。

（3）个体本身的特点

注意的稳定性是一个人神经过程强度的标志。一个意志坚强，善于控制自己又能同各种干扰作斗争的人，注意就比较稳定。一个身体健康、精力充沛、心情愉快的人，注意就能持久。一个人处于头痛、失眠或过度疲劳等不正常状态时，就不易保持长久而集中的注意。同注意稳定性相反的状态是注意的分散，也称为分心。注意的分散是指注意离开了当前应当完成的任务而被无关的事物所吸引。如果一个人经常发生注意分散的现象，就不能更好地获得客观事物的清晰而完整的映象。所以，我们必须和注意的分散现象作斗争。

（三）注意的分配

注意的分配是指人在同一时间内把注意指向两种或两种以上的对象和活动上的特性。实践表明，注意的分配是可能的，而且在实际生活中处处要求人们的注意能很好地分配。例如教师上课时边讲课、边板书、边观察学生的反映；学生听课时边听、边记、边思考、边注视老师，这都需要很好地分配注意力。

注意的集中与分配是有矛盾的，但在一定条件下是可以统一的。使注意顺利地进行分配的条件主要有以下几个方面。

1. 人对活动的熟练程度

在同时进行的两种或两种以上的活动中，必须有一种以上是熟练的，即自动化了的，而其中只有一种是不熟练的。这样才不会顾此失彼，才有可能把大部分注意力集中在比较生疏的活动上，而把小部分注意力分配到熟练的活动上。

2. 同时进行的几种活动之间的关系

如果同时进行的几种活动联系紧密，且通过训练已形成了反应动作系统，已不需要特别努力，注意的分配就比较容易。如汽车驾驶员手脚形成一定的动作系统，已不需要特别努力，就可以把注意分配到其他与驾驶有关的事情上。如果几种活动彼此间毫无联系，则注意分配就很困难了。

3. 分配注意的技巧

同时进行的几项活动的动作，如能巧妙地迅速地更替进行，那么注意的分配就可顺利进行。例如，弹奏钢琴时，眼睛要在曲谱、音键和手指之间迅速来回地移动，如果经过练习掌握了注意分配的技巧后，便可以加快弹奏速度，应付自如了。

（四）注意的转移

注意的转移是根据新的需要，及时主动地把注意从一个对象转移到另一个对象上去的特性。注意的转移与注意的分散有本质的区别。注意的转移是一种有目的、自觉的活动，它是一种活动合理地被另一种活动所代替，是一个人注意的灵活性的表现。注意的分散是由于受到无关刺激的干扰，使自己的注意离开了需要稳定注意的对象，而不自觉地转移到了对完成工作的无关活动上。

注意的转移有一个过程。我们常说的"万事开头难"指的就是注意还没有完全从别的活动转移到新的活动上来的一种表现。注意转移的难易程度和速度受以下几个条件的制约。

1. 原来的活动吸引注意的强度

如果原来的活动是引人入胜的，有极大的吸引力，那么注意就难以转移；反之，注意就容易转移。

2. 引起注意转移的新事物的特点

如果引起注意转移的新事物的意义更重大、更符合人的需要和兴趣，注意的转移就会迅速发生；反之，注意就不能顺利地实现转移。

3. 人的神经过程的灵活性

神经过程灵活性好的人，就能在必要的情况下顺利地把自己的注意从这一事物转向另一事物；神经过程灵活性较差的人，就不能很好地实现注意的转移。注意的转移对学生来说也是相当重要的。因为学生每天要上几门不同的课程，还有自习和各种活动，这就要求学生具备灵活转移注意的能力，否则就会影响学生的学习效率。

二、青少年注意的特点

（一）注意逐渐向高级形态发展和深化

注意的发展起始于无意注意，然而，最初无意注意的产生主要靠外部刺激物的作用，随着儿童自身兴趣、爱好的逐渐稳定，无意注意的产生主要会受到兴趣、爱好的影响，这是无意注意发展和深化的具体表现。

在无意注意逐渐深化的同时，有意注意也得到了发展，并且逐渐取代了无意注意的优势地位。具体表现为学生在学习活动中的目的性、自觉性和计划性得以加强，注意逐渐具有自我组织、自我控制的性质，注意的稳定性和集中性有了长足的发展。随着有意注意的逐渐稳定，还出现了更加高级的注意形态——有意后注意。

（二）注意品质得以全面发展

注意稳定性不良在年龄较小的学生中是比较普遍的现象，这是由于他们的注意还不够内化，容易受外界刺激和自身兴趣的左右。而随着意志力的发展，青少年控制自己注意的能力显著增强，注意稳定性得到了迅速的提高。虽然注意稳定性随着年龄增长在不断发展，但发展的速度不尽相同，其中小学阶段发展速度较快，幼儿阶段和中学阶段发展速度相对较慢。

注意的广度除了与知觉对象的特点和性质有关外，主要取决于个人的知识经验。青少年时期是知识经验迅速积累的时期，因此，注意的广度也有了长足的提高。个体的注意分配能力发生较早，但发展较为缓慢。注意分配能力发展缓慢主要与注意的分配必须具备一定的条件有关。最初，学生只能在那些关系密切、形式相近的动作之间进行注意的分配，稍不留心，还会出现顾此失彼的现象。只有当各种技能逐渐熟练，并加以严格训练之后，他们才可能在比较复杂的动作之间建立反应系统，使注意进行合理的分配，而这种技能熟练化和协调化的发展进程是比较缓慢的。基于对学生注意分配能力的考虑，老师对年龄较小的学生不提记笔记的要求，对高中生只要求记讲课要点，只有当学生进入大学以后老师才会要求他们记详细的课堂笔记。

注意转移的能力是随个体大脑神经系统内抑制能力、第二信号系统的发展而得以迅速发展的。研究表明，注意转移发展的趋势小学二年级至初中二年级是迅速增长时期，初中二年级至高中二年级是发展的停滞期，高中二年级到大学二年级是缓慢增长期。

总体来看，高中阶段的学生，由于大脑神经系统功能已基本发育成熟，内抑制能力加强，兴奋—抑制之间的相互转换能主动灵活地调节，因此可以说注意转移能力已基本具备。但实际上，学生在注意转移方面表现出的个体差异较大，有的学生在注意转移方面表现得主动及时，而有的学生在教学活动中则不够自觉，不能及时转移注意力，具体表现为思想开小差或还惦记着前一项活动，从而跟不上教学变化的节奏。

三、青少年良好注意品质的培养

青少年注意品质虽然有较大的发展，但是还需要进一步提高。注意品质的培养是一项长期的、复杂的工作，它和青少年的个性发展有着密切关系，同时又依存于一系列的教学条件。为了促进青少年注意的发展，在教学过程中，加强对学生注意的培养是十分必要的。

（一）培养正确的学习动机和态度，提高学习的自觉性

正确的学习动机和态度是注意力提高的最重要条件。只有当学生逐步形成了自觉的学习态度和对学习强烈的责任感时，才能不断提高他们的注意的发展水平。一个人有了正确的目的和强烈的责任感，就会形成巨大的推动力。这是人们组织有意注意的心理动因，也是动员人们注意的前提。学生对学习的意义认识越清楚、越深入，就越能将注意从强迫的水平发展到自觉的水平，也就越能长时间集中注意地学习，从而提高学习的效能。

（二）培养广阔而稳定的兴趣

兴趣是引起人们无意注意和有意注意的重要因素。一个人对某种事物有浓厚的兴趣，就会对它集中注意，并且能长期坚持。因此有人说兴趣是一种兴奋剂。在中学阶段，除培养学生的直接兴趣外，更主要的是培养学生对活动目的和结果的间接兴趣与强烈的求知欲望。而一个人只有对学习或工作具有高度自觉性和充分自信心时，才可能对相关的事物发生间接兴趣，从而促进其注意力的形成和培养。教师要善于了解学生已有哪些兴趣，了解不同年龄学生兴趣的特点，乃至个别学生的兴趣特点，并针对这些特点进行教育和培养。在学校中，往往有一些学生由于兴趣发展的不正常，因而导致精神涣散，注意力不集中。这种学生，有的是因为功课赶不上，对学习缺乏信心，因而对所教的功课兴趣降低了；也有的是因为虽然在多方面有兴趣，但都不深刻持久，于是东抓一把，西拉一把，缺乏稳定性和集中性。这样，都会影响学习的效果。因此，教师一定要做耐心而细致的工作，帮助学生克服这些毛病，以提高学习的质量。

（三）加强意志锻炼

有意注意与意志有着密切的关系。人们必须经过意志努力，才可能把自己的心理活动指向集中在当时不感兴趣的某事物上。若要保持对某种事物稳定的注意，培养意志的自制力尤其重要。具有坚强意志的人，才能成为驾驭有意注意的人，而意志薄弱者，就会成为受无意注意摆布的奴隶。人们常说要集中注意，必须与分心作斗争。一般来说，在安静的环境中，人们易于聚精会神地从事学习和工作。但是，在嘈杂的环境中，就难免产生分心现象。这时就要依靠人们用注意的目的性和自制力抵制各种分心因素的干扰，因此要培养注意力，就要加强意志锻炼。应要求学生遵守课堂纪律，严格遵守作息制度，善始善终地把活动进行到底；应有意识地培养学生闹中求静的本领，主动抵制足以引起分心的干扰。这些都有利于培养注意力。如有的人有意识地在闹市或声音嘈杂的地方看书学习，其目的就是稳定情绪、锻炼意志、保持注意。

（四）养成良好的注意习惯

一个学生若自幼形成了做事漫不经心、马马虎虎、草率了事的习惯，是很难专心致志学习的。因此，应注意从小培养学生具有认真、细致、不马虎的学习习惯。若养成了这种注意习惯，即使环境不利，学生也能毫不费力地集中注意，专心学习。青少年由于好动不好静，注意品质上易出现粗心大意、分心走神的毛病，因此教育他们养成一丝不苟、严肃认真、精益求精的良好习惯和作风，对他们集中注意力、深入思考、完成学习任务是大有益处的。

第三节　注意规律在教学中的运用

一、无意注意规律在教学中的运用

无意注意是一种较为轻松的注意形式，如果在教学中能很好地利用无意注意，将使教学收到意想不到的效果。但是，由于有诸多因素可能引起人的无意注意，如果被与教学无关的干扰因素所吸引，则会对教学活动产生阻碍。引起无意注意的因素主要来自刺激的特点以及人自身的状态。要针对这些因素，扬长避短，在教学中充分地利用它。

（一）创设优良教学的环境

为了避免无关因素引起人的无意注意对教学活动造成干扰，应积极地采取相应措施。例如：校舍的选择应远离喧嚣的场所，适当进行绿化，各项设施布局合理；教室布置应光线充足、空气清新，活动中心应在空间上处在所有学生注意的最佳位置；教师形象大方，举止得体。

（二）合理安排教学过程

在教学过程中，要充分利用能引起学生注意的各个因素。如在教学内容的选择和处理上应丰富，具有一定新异性；在教学目标上应适当在学生原有水平上有所提高，在教学手段的选择上应符合学生身心发展的特点，同时形式上要富于变化，从而不断引起和保持学生的无意注意。

二、有意注意规律在教学中的运用

无意注意由于其自身特点，容易出现注意的分散。所以，在进行一项有目的的复杂活动时，常需要两种注意的参与。而引起和维持人的有意注意需要一定的条件，所以，在教学中应采取积极措施引起和保持学生的有意注意。

（一）明确目的任务，激发学习动机

在教学中，使学生设立一个明确且适当的学习目标对于学生有意注意的维持是非常必要的。当在教学中所确立的目标清楚、具体且难度适宜时，学生就会知道如何做，而且力所能及，容易受到强化，从而使学生不断受到激励，激发其学习动机。这样，才能使学生的有意注意得到保持。

（二）使学生掌握与学习活动有关的知识技能

在教学中，学生掌握与学习有关的技能，以及与当前教学活动相关的知识经验，可以更顺利地完成任务，逐渐接近目标，获得良好的反馈，从而使有意注意可以得到更好的维持。

（三）合理组织教学过程，积极培养学生的学习兴趣

兴趣是维持有意注意的重要条件。在教学中，要善于利用多种方式去激发和培养学生对学习的兴趣，如利用启发诱导式教学、表扬等积极反馈以及活动形式多样化等。同时，教学过程应严密、紧凑，提供丰富的刺激，使学生的注意能有效地保持。

（四）确立合理的教学常规，培养学生坚强的意志

确立合理的教学常规，使学生在学习活动和社会活动中学会合理安排自己的时间，通过纪律约束，养成良好的学习习惯。同时，在习惯的养成过程中锻炼自身意志。因为有意注意需要较多意志成分的参与，一个人意志品质越优秀，越有利于自觉地维持有意注意，从而很好地完成活动任务。

三、两种注意交替的规律在教学中的运用

无意注意和有意注意二者具有的特点，决定了在一项复杂活动中，过分强调其中任何一方都不利于活动的完成。在教学活动中，只强调无意注意，则会使教学活动容易陷入无序，缺乏计划性与目的性，学生的注意也容易被无关干扰因素所吸引，从而不利于教学活动的进行。若只强调有意注意的作用，则易使学生陷入疲劳，同样不利于教学活动的顺利实施。所以，在教学中，常需要二者交替进行。

如在活动之初，通过组织活动，引起学生的有意注意，使师生顺利完成角色定位；在教学活动中，合理组织各个教学要素，尽可能较多引起学生无意注意；在处理重点难点时，则有必要提醒学生的有意注意。这样两种注意交替进行、张弛有度，使学生的注意始终能保持在教学活动上，使活动达到最好的效果。

四、课堂上学生的分心与控制

课堂上学生出现分心会直接影响教学活动取得良好的效果，为了教学活动的顺利进行，有必要对学生的分心现象做一些了解。

（一）什么是分心

所谓分心，是指一个人的心理活动在必要的时间内不能充分地指向和集中，或者完全离开当前指向和集中的事物而转移到无关的事物上去的心理状态。也就是我们通常所说的"开小差""走神"等。

（二）分心的表现

在教学过程中，学生分心的表现主要有以下几种。

（1）注意的警觉水平降低，对事物和活动不能做出清晰的反应。

（2）经常改变注意对象，不能长久将注意力指向和集中于必须注意的事和活动上，心理活动处于频繁动摇状态。

（3）注意凝滞，缺乏反应的灵活性。

（4）注意发生转移，心理活动从当前应指向和集中的对象转移到其他的无关对象上。

（三）引起分心的原因

（1）从主观方面来说，主要表现在学生对学习不感兴趣，缺乏自觉性和信心，注意分配能力弱，稳定性差，身体不适，情绪烦乱，等等。

（2）从客观方面来说，主要有无关诱惑性刺激物的干扰，长时间从事一种单调的活动，学习内容过难，教学方法不当，师生关系紧张，学习环境杂乱不卫生，等等。

（3）其他一些不可预期的因素，如课堂里的偶发事件等。

（四）控制学生分心的措施

当学生即将分心或已在课堂上出现分心现象，这时就需要采取一些必要的措施，重新唤起学生对教学活动的注意。一般来说，常用的措施有以下几种。

（1）超前控制。预先分析可能产生分心的学生，针对不同特点，分别对他们进行必要的教育，减少和消除分心的可能性。

（2）信号控制。在教学中，教师可用举目凝视，变化的表情、语调、语气，做出特定的手势或暂时停止言语等暗示性的信号，向开始出现注意分散的学生进行提示。

（3）提问控制。发现出现分心的学生，教师可结合教学内容，机智地提出一个问题，引起学生的注意，以达到控制学生分心的目的。

（4）邻近控制。教师可以在空间上缩小与出现注意分散的学生的距离，如走到其身边等，以起到提示的作用。

（5）表扬（批评）控制。适当表扬对维持学生的注意、提示和控制学生的分心能收到良好的效果。必要时，也可以对注意分散的学生进行适当的批评。

（6）偶发事件的处理。当课堂里出现不可预期的偶发事件时，教师应合理运用教育手段，使教学活动顺利进行，防止学生分心。

.

第三章 记忆

记忆在人的整个心理活动中处于重要的位置。记忆将人心理活动的过去、现在和未来连成一个整体，使心理发展、知识积累和个性形成得以实现。本章主要对记忆相关内容进行介绍，分别是记忆的概述、记忆的过程、记忆规律在教学中的运用。

第一节　记忆的概述

一、什么是记忆

（一）记忆的概念

记忆是人脑对过去经验的反映。人们在生活实践中曾经感知过的事物，思考过的问题、练习过的动作、体验过的情感都会在人的头脑中留下痕迹，其中有一部分作为经验在人脑中保持相当长的时间，并在一定条件下可能得到重新恢复。这样一个完整的过程，就是我们所说的记忆。

记忆与感知觉虽然都属于人的认识过程。但感知觉是人脑对当前事物的反映，而记忆比感知觉更复杂，对个体发展产生的作用更大，它是人脑对过去经验的反映。

记忆是人的心理过程在时间上的持续。因为记忆的存在，人们的先后反映才能联系起来，人的心理活动的过去和现在才得以联结，人的心理活动才可能成为一个延续的、发展的、统一的整体。人的任何一项实践活动都不能离开记忆。记忆使人们能在以往反映的基础上进行当前的反映，使反映更全面、更深入。记忆也使人在社会实践中获得的经验得以保持，这才使积累经验与扩大经验有了可能。一切智慧的根源都在于记忆，记忆是整个心理生活的基本条件，是心理发展的基石。

（二）记忆的过程

记忆从中文字面意思来看，是由"记"和"忆"两个方面构成的。从记到忆包括识记、保持、再认或回忆三个基本环节。识记就是记住，是记忆的开始阶段，是获得知识经验的记忆过程。保持就是识记过的经验在头脑中的巩固过程。回忆和再认是在不同条件下恢复经验的过程。20世纪50年代以后，随着信息科学的发展和计算机技术的应用，心理学家开始用信息加工的观点解释记忆过程，把记忆过程看作是人脑对信息的输入、编码、贮存和提取的过程。信息的输入、编码相当于识记过程，已经编码的信息在头脑中的贮存相当于保持过程，对信息的提取即相当于再认和回忆。

识记和保持是再认和回忆的前提，再认和回忆是识记与保持的结果，并能进一步巩固和加强识记与保持。

二、记忆的种类

根据不同的标准，人们把记忆分为许多类型，常见的分法有以下几种。

（一）根据记忆的内容划分

可把记忆分为形象记忆、语词记忆、情绪记忆和动作记忆。

1. 形象记忆

形象记忆是以过去感知过的事物在头脑中留下的具体形象为内容的记忆。例如，过去参观过的一座建筑物、交往过的朋友，其形象留在人的脑海里，若干年过去，仍能回想得起他们的鲜明形象。这里记忆所保持的是事物的具体形象，它可以是视觉形象，也可以是听觉形象或触觉的形象等。见过人民英雄纪念碑的人，一提起人民英雄纪念碑，其雄伟形象顿时浮现在脑海里，这属于视觉形象。所谓"余音绕梁，三日不绝"则是听觉形象。抚摸过某一物体的人，对该物体表面的光滑、粗糙、冷热的印象则属于触觉形象。研究表明正常人的视觉形象记忆和听觉形象记忆发展得最好，在日常生活中起主导作用。其他形象记忆，诸如嗅觉、味觉形象记忆虽然一般正常人也有一定发展，但在一定意义上来说可称为职业形式的记忆。例如，烟酒品尝师的味觉形象记忆能力就较一般人强。另外，盲人的嗅觉、触觉与味觉形象记忆因补偿或替代的作用而有时显得分外惊人。

2. 语词记忆

语词记忆是以概念、判断、推理的形式对事物的关系以及事物本身的意义和性质或主题等为内容的记忆。它是人类所特有的，具有高度的概括性、理解性和逻辑性。属于语词记忆类型的人，最善于记忆语词的材料、抽象概念和逻辑思想，即使在观察直观材料时也是如此。

人的语词记忆在实践活动中是随抽象思维能力的发展而发展的。语词记忆对我们学习理性知识起着重要作用，它是个体保存经验最简便、最经济的形式，人们对自然、社会和思维本身的规律性的知识，都是通过它保存下来的。

3. 情绪记忆

情绪记忆是以个体体验过的情感、情绪为内容的记忆。我们所体验到的强烈情绪、情感经常会深深地刻印在我们的脑海里，使我们久久难以忘怀，这就是情感记忆。情感记忆对人来讲具有动机作用，积极愉快的情感记忆可以激励人的行动，消极不愉快的情感记忆则会降低人的活动能力。从事艺术工作的人，情感记忆力一般都较强。

4. 动作记忆

动作记忆是以人们过去经历过的运动状态或动作形象为内容的记忆。它是形成多种熟练动作的基础。人在学习时的书写动作、实验操作和体育运动中的多种动作都属于运动记忆的再现。动作记忆是形象记忆的一种形式，是以过去的运动或操作动作所形成的动作表象为前提的。动作表象来源于人对自己的运动动作的知觉以及对别人的动作和图画中的动作姿势的知觉，人也可以通过对已有的运动动作表象的加工改组而创造出新的动作形象来。由于个人在形成动作记忆时的方式不尽相同，故而在再现多种动作过程中，明显地表现出个体独特的风格。在人的各种实践活动中，不同类型的记忆都是相互联系着的，不过每个人都有其主导的记忆类型。

（二）根据记忆信息保持的时间划分

把记忆又可分为瞬时记忆、短时记忆和长时记忆。

1. 瞬时记忆

瞬时记忆也称感觉记忆、感觉登记，是指当客观刺激物停止作用后，感觉信息还能继续保持瞬间映象。它是人类记忆信息加工的第一阶段。外界多种刺激信息通过人的感官进入后，首先被登记在感觉记忆中，视觉后像就是瞬时记忆最明显的例证。

在感觉记忆中登记的信息都是无意识的，完全按照输入信息的原样加以记录，信息贮存的方式具有鲜明的形象性，被记录的信息容量较大，但保持时间极其短暂，一般为 0.25～1 秒。

感觉记忆虽然是保持时间极为短暂的记忆，但是由于感觉记忆中信息的积累才使人们感知的连续性成为可能。

当人们付出一定注意从感觉记忆中选取一部分信息做进一步加工，它就进入第二个阶段，即短时记忆阶段，而其余那些未能被选择的信息便随之消失。

2. 短时记忆

短时记忆也称操作记忆，它是感觉记忆与长时记忆的中间阶段，是指信息保持大约为一分钟的记忆。感觉记忆和长时记忆的信息是我们意识不到的，这两种信息只有被传送到短时记忆中才能被检测、组织和思维，所以短时记忆也称工作记忆。短时记忆在人们的日常生活、学习和工作中有着重要的意义。例如，学生在课堂上边听课边做笔记、口译人员的即时翻译活动、查号台的工作人员查出电话号码的过程都是典型的短时记忆。和瞬时记忆相比，短时记忆的容量有限，研究表明，短时记忆的容量一般为 7±2 个组块。短时记忆中的信息编码大多是以言语听觉编码的形式存贮的，少量的是以视觉或语义编码存贮的。短时记忆的信息提取是比较完全的，提取信息即检索的形式有串行加工和平行加工两种。短时记忆的信息是通过复述来保持的，并且通过复述的作用把短时记忆中的信息转入到长时记忆系统。

3. 长时记忆

长时记忆是指信息在记忆中的储存超过一分钟直至保持许多年，甚至终生不忘的记忆。在长时记忆阶段，信息主要来自短时记忆阶段加以复述的内容，也有由于印象深刻一次记忆的。长时记忆是信息进入记忆系统中的最深层次。存贮在长时间记忆中的信息分为词语和表象两类，因而有两种信息组织方式，语义编码和表象编码。长时记忆的容量相当大，其范围人们至今还在探讨之中，目前说法较多，但尚无定论。长时记忆信息的提取形式有回忆和再认。

记忆的三个阶段，又称三种记忆系统，其相互关系如图 3-1-1 所示。

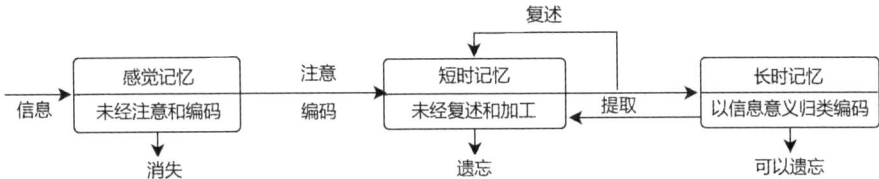

图 3-1-1 记忆系统模式图

三、记忆表象

（一）什么是记忆表象

记忆表象是指感知过的客观事物在人头脑中留下的形象，也称表象。例如，朋友的音容笑貌、旅游胜地的自然景色、悦耳动听的美妙旋律，不时展现在我们的脑海中或萦绕在我们的耳旁，这就是记忆表象。

表象是人脑对客观事物反映的一种形式，是对原有知觉进行加工和概括的结果，是信息加工后的知觉痕迹。现代认知心理学认为，表象是人们在头脑中以形象的形式对物体进行操作和加工，是物体不在眼前时关于物体的心理复现。因此，没有知觉，表象就不能产生。同时，由于表象的出现不经客观刺激的直接作用，所以它不受时间和空间的限制，它对人类的想象、思维等高级心理活动具有十分重要的意义。

（二）记忆表象的特征

1. 直观性

记忆表象是人们在对事物知觉之后所留下的形象。所以它是真实物体的类似物，对它的加工同于知觉真实物体时的信息加工，具有与客观事物相近似的形象直观的特点。但和知觉相比，形象的鲜明性、完整性和稳定性都有差异，由于记忆表象所反映的事物不在眼前，因而不如直接知觉所反映的那样鲜明、生动。同时，记忆表象虽也可以突出事物的某些个别部分和特征的形象，然而也不如直接感知那样完整和稳定，常常出现片段不全的情况，并且也较模糊和变化不定。例如，到桂林旅游过的人对如诗如画的桂林山水的形象是清楚的，但总不如当时身临其境观察时那样鲜明、完整和稳定。

2. 概括性

记忆表象总是在多次感知后所形成映象的基础上进行综合的结果。因此，它与对象的概括相联系，比直接感知所形成的映象更具有概括性。记忆表象反映的是同一事物或同一类事物不同条件下所表现出来的事物形象的一般特点，并不是某一次感知的个别特点，这就是表象的概括性。但是，表象的概括性与用语词来概括反映客观事物是不同的。表象是形象的概括，表象所概括的有事物的本质属性和非本质属性；而语词概念则是抽象的概括，所概括的是事物的本质属性，已舍弃了其非本质属性。

（三）记忆表象的作用

1. 记忆表象是认识过程中的重要环节

记忆表象是从感知到思维的过渡阶段，表象具有直观形象性和概括性两大特征，决定了表象在人们认识活动中的特殊作用。就其直观形象性来看，它与感知相似；从其概括性来看，又与思维相似。但表象既不是知觉，也不是思维，而是介于其间的中间环节，是感性认识过渡到理性认识的桥梁。正因为记忆表象的存在，人的认识才能打破受当前事物直接作用的局限，使认识更趋于概括化，为思维想象过程提供了基础。

2. 记忆表象是人们从事实践活动的必要条件

人的实践活动是有目的的，人在活动之前，已在头脑中构成了"做什么"和"怎么做"的表象，这是人类心理活动区别于动物的主要特点。正是因为有记忆表象的存在，人类的实践活动才得以顺利进行。

第二节　记忆的过程

记忆可以分成识记、保持、提取三个过程。其中，提取可以有两种方式，即再认或重现。因此，记忆过程可以分为识记、保持、再认或重现三个基本环节。

一、识记

识记是记忆过程的开始环节。它具有选择性的特点，是记忆的前提和关键。识记从不同角度可以分为不同的种类。

（一）根据识记时是否有意识、是否付出努力进行划分

可以将识记分为无意识记和有意识记。

1. 无意识记

无意识记就是没有预定的目的，不必经过任何的意志努力，也不使用专门的方法所进行的识记。例如，目睹出乎意料的屠杀场景会成为永不磨灭的悲惨记忆。

2. 有意识记

有意识记就是有预定的目的，采用一定的方法和步骤，必要时做出一定的意志努力所进行的记忆，也被称为"随意记忆"。例如，考试前学生背书、背笔记等，这些都是有意识记。

（二）根据在识记时人们是否理解识记材料进行划分

可以将识记分为机械识记和意义识记。

1. 机械识记

依据事物的外部联系和特点，采用多次机械重复的方法所进行的识记被称为"机械识记"。很多幼儿园的孩子能够背诵《三字经》《弟子规》《唐诗宋词》，可

他们并不理解所背内容的意义，只是将书完整地记录在脑中，甚至有些孩子必须要从头开始才能流畅地背诵，如果从中间某一部分开始就无法背诵，这就是机械识记。

2. 意义识记

与机械识记不同，在理解材料内在本质、因果联系的基础上进行的识记，被称为"意义识记"。例如，在理解诗词含义的基础上进行识记。意义识记往比机械识记保持的时间更长。

二、保持和遗忘

（一）保持

保持是识记的材料和获得的信息在头脑中得到巩固和储存的过程。信息被保持在头脑中的过程不像录像或录音，是会发生变化的。这种变化有质的变化和量的变化两种。

早在20世纪初，剑桥大学实验心理学教授巴特利特（Frederic Charles Bartlett）就曾经做过一系列实验来证明信息在头脑中是会发生改变的。他用的方法被称为"顺序再生产法"。如图3-2-1所示，巴特利特将一幅图给第一个人看，过一个星期后请这个人重新画出一星期前他所看到的那幅图，这被称为"再生产品1"，将再生产品1给第二个人看，过一个星期后让第二个人画出头脑中保留的记忆，这被称为"再生产品2"，将再生产品2给第三个人看，过一个星期后让第三个人画出头脑中保留的记忆，以此类推，共有9个人参加实验，共画出9幅再生产品。可以看出，这9幅再生产品发生了很大的变化，再生产品9和原图相比，已经完全不同，第一幅图是毫无意义的，什么都不像，在人们的头脑中逐渐对它进行加工，使它的意义越来越清晰，最终变成一张人的脸（再生产品4），然后又被增添了很多细节，如头发和耳朵，这个过程具体化，一旦具体化完成，接下来图画在头脑中就会越来越抽象，直至丧失细节，变成一张普通的人脸模型（再生产品9）。由此可知，信息在头脑中会产生质的变化，如将不理解的信息慢慢合理化、将抽象的信息具体化、将具体的信息抽象化等过程。

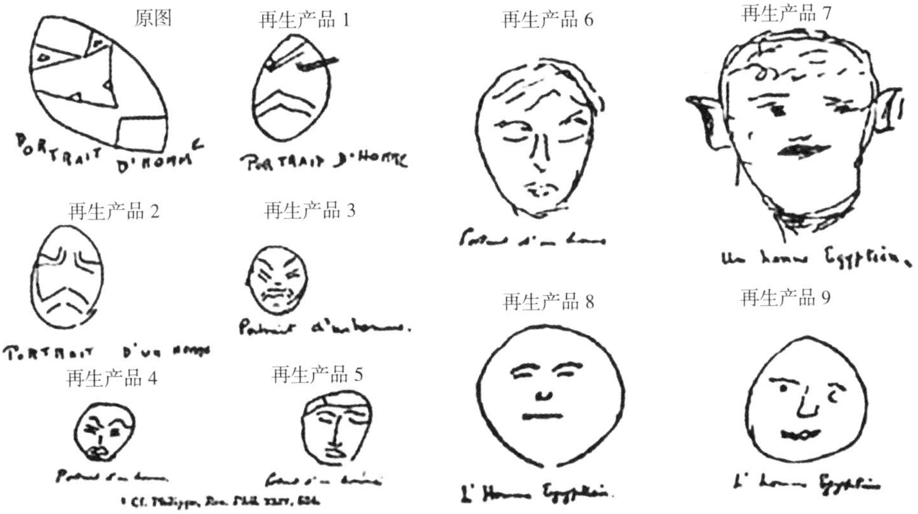

图 3-2-1 顺序再生产法

（二）遗忘

1. 储存信息的遗忘

信息在头脑中的保持除了质的变化外，还有量的变化，储存在头脑中的信息随着时间的延长，有些会被慢慢遗忘。例如，小时候熟记的诗词、课文现在大多都记不得了，这就是保持信息的遗忘现象。遗忘有暂时遗忘和永久性遗忘两种。暂时遗忘是由于情绪、压力、动机等因素，暂时将信息遗忘掉了，在一定条件下还能回忆。例如，人们都经历过无数次考试，在一些考试中会因为紧张而忘记自己已经会的内容，一旦考试结束放松下来又能想起来，这就是因为情绪的原因而导致的暂时性遗忘。永久性遗忘往往是信息真的无法被回忆。

2. 遗忘的规律

人类的遗忘是有规律的，心理学历史上首位研究记忆的心理学家是艾宾浩斯，他曾经用自己作为被试，以无意义音节作为实验材料来检验遗忘的规律。最终他发现遗忘的进程是不平衡的，先快后慢，开始忘得多、忘得快，以后忘得少、忘得慢。如图 3-2-2 所示，艾宾浩斯发现人的记忆信息的遗忘是从识记结束就立刻开始的，在第一天中，遗忘了超过 50% 的信息，只保持了所有记忆信息的

33.7%，而在第六天却仍然能够保持 25.4% 的信息，大部分信息都在第一天遗忘了，所以及时复习是保持信息的关键。

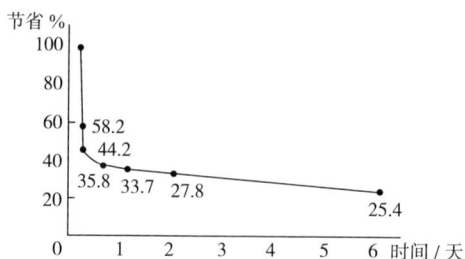

图 3-2-2　艾宾浩斯遗忘曲线

之后艾宾浩斯又用不同的识记材料来做实验，如诗歌、散文、无意义音节等。发现遗忘的总体进程是一致的，但是越有意义的材料被遗忘得越慢，如图 3-2-3 所示。

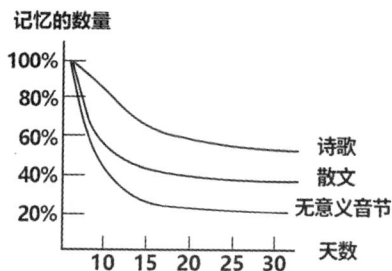

图 3-2-3　不同材料的遗忘曲线

3. 遗忘的原因

关于遗忘的原因主要有痕迹说、干扰说、动机压抑说。

（1）痕迹说

遗忘是由于记忆痕迹得不到强化而逐渐减弱，以致最后消退的结果。头脑中储存的信息遵循用进废退的原则，经常使用的知识记得比较牢固，而长时间不用的知识就会被慢慢遗忘。当人们学习一项新的技能时，脑的神经结构发生了改变，一些原本不相连的神经元被连接在了一起，这些神经元所携带的信息也就发生了联系，因此，形成了新的技能。随着使用次数的增多，这些神经元之间的联系越来越密切，并且神经冲动在这些联结之间的传导也越来越顺畅，人们就会觉得这项新技能越来越熟练。然而如果这一技能不再被使用，那么形成这一技能的神经元联结就会减少，当减少到刚形成时的状态时，人们就会觉得这项技能似乎被遗忘了。

（2）干扰说

遗忘是由于在学习和回忆之间受到其他刺激干扰，一旦排除了这些干扰，记忆就能够恢复。前摄抑制和倒摄抑制支持了干扰说。前摄抑制是指先前的学习与记忆对后继学习与记忆的干扰作用。倒摄抑制是指后继的学习与记忆对先前的学习与记忆的干扰作用。一般说来，学习记忆一系列材料，最初学习的内容和最后学习的内容，保持得较多，而中间学习的内容信息保持得较少，这被称为"系列位置效应"。根据干扰说，最初学习的材料仅仅受到后面学习材料的干扰，即只有后摄抑制，最后学习的材料仅仅受到前面学习材料的干扰，即只有前摄抑制，而中间学习的材料既受到之前学习材料的影响，又受到之后学习材料的影响，在双重抑制的作用下的记忆效果最差。在学习时要注意避免系列位置效应，学习后重点复习中间学习的材料以加强记忆。同时，在学习时要注意不同学科之间的交叉学习，以避免前摄抑制和倒摄抑制的产生。

（3）动机压抑说

遗忘是由于某种动机的压抑所致。人在经历各种事物时，会产生各种情绪情感，有些事情相伴随的情感是非常痛苦的，一旦这些事情被回忆，那么就会再次体验痛苦，对这类事物人们会选择不去回忆，将它压抑在无意识之中。这就是动机压抑导致的遗忘。但动机压抑所导致的遗忘并不是真正的遗忘，当受到某些信息的刺激，那些被压抑的事物会重新被回忆。

4. 记忆恢复

在记忆的遗忘中有一种特殊的记忆现象被称为"记忆恢复"，是指学习某种材料后间隔一段时间所测量到的保持量，比学习后记忆测量到的保持量要高。这种现象经常在年龄比较小的儿童身上发现，因为儿童的脑不成熟，容易疲劳，在他们学习一段时间后就会疲劳，一旦发生脑疲劳，就会抑制信息的识记、保持和提取，等休息一会之后，脑疲劳解除了，对信息的抑制也就解除了，这时反而能够提取更多的内容。

三、再认和重现

再认和重现是在不同条件下恢复过去经验的过程。过去经历过的事物再次出现在面前，能把它们确认为是已识记过的事物的过程，被称为"再认"。过去经历过的事物不在面前，能把它们在人脑中重新呈现出来的过程，被称为"重现"，又被称为"回忆"。再认和重现是记忆过程的第三个基本环节。

（一）再认

过去经历的事物再次出现时，仍然可以被识别出来，这就是再认。

再认是"忆"的初级表现。再认要比重现容易，因为再认时，要识别的事物就在眼前，或者有类似的替代物可以提供有用的线索。如果由于保持在脑中的材料发生较大的变化或者识别条件不具备，那么发生"误认"的现象也是存在的。

再认是对过去经历过的事物在重新出现时能够识别出来的过程。例如，与一位儿时的朋友久别重逢，能认出他来，这就是再认。再认的速度和准确性与下列因素有关：识记的准确性和保持的巩固性；再认的事物与实际所留下的事物映像之间的一致性；再认时的环境与识记时的环境相类似。

再认的速度和正确性取决于三个主要条件：一是识记的准确性与保持的巩固性；二是再认的事物与识记时留下映象的一致性，当呈现在眼前的事物与原来的事物映象一致时，再认就不会有太大困难；三是环境线索的类似性，如果再认时，提供了与识记时相类似的环境或有关联的情境，再认就容易些。

（二）重现

根据需要把经历过的事物独立地在大脑中呈现出来的过程就是重现。

重现不需要过去感知过的事物重新出现便可以进行。它可以在没有预定目的的情况下引起，也可以在有预定目的的情况下产生。前者是无意重现，后者是有意重现。有时，有意重现要经过较大的努力，进行比较艰苦的思索，才能在脑中呈现出过去感知的事物映象，这种现象称为追忆。

重现又被称为"回忆"，是对过去经历过的事物在人脑中重新呈现出来的过程。重现常常以联想的形式出现，比再认的难度大。重现可以分为有意重现与无意重现。有意重现是主动对头脑中的信息进行提取，例如在考场上，考生努力回忆自己复习过的知识来答卷。追忆是一种特殊的有意重现，当重现的线索不足时，人们会陷入追忆。无意重现是不由自主地受到情景的影响而在头脑中浮现出过去的经历。重现的速度和准确性与重现材料的数量、识记材料的组织和情绪的作用有关。

重现的速度和正确性与三个因素有关。

（1）重现材料的数量。要重视的材料量越大，所需时间就越长，即重现速度就越慢。实验发现，平均从储存系统中搜寻和提取一个记忆项目，要花38毫秒的时间。

（2）识记时材料的组织。一项心理实验表明，识记有层次组织的词，重现正确率为65%；而识记随机排列的词，重现正确率只有19%。

（3）情绪的作用。愉快的情绪有利于重现，不愉快的情绪会干扰重现。此外，重现时的情绪状态若与获取信息时的情绪状态相同或相似，便可促进重现，反之则阻碍重现。

不论是再认或重现，如果在搜寻与提取信息时发生错误，就会以遗漏、篡改或歪曲原材料的形式表现出来。因此，在教学中再认和重现都可以作为检查学生知识掌握情况的手段。试卷的是非题、选择题等是再认的检查形式；问答题、填空题等是重现的检查形式。在一般情况下，能重现就一定能再认，而能再认不一定能重现，因此再认不能作为检查记忆牢固程度的可靠指标。

（三）影响再认与回忆的因素

1. 原有事物或材料识记的巩固程度

再认是否迅速、正确、稳定，取决于对原有事物或材料保持的巩固程度。如果对原有事物或材料有很清晰、准确的保持，当再次出现时，就容易再认，表现为速度快、准确率高；如果保持不巩固或出现泛化现象，再认就困难，表现为速度慢、准确性差。

2. 新旧刺激物相类似的程度

如果再认的对象与过去识记过的事物或材料变化不大，则容易再认。如果完全相同，则可立即再认。如果当前呈现的材料与过去识记过的事物或材料发生了很大的变化，就难以再认。无论是简单的还是复杂的再认，都是依靠线索进行的。线索是指事物的特征。通过线索唤起对其他部分的回忆，从而形成对特定对象的整体性认知。特别熟悉的对象，再认时所需线索少且简单；不熟悉的事物，再认时需要很充分的线索。

3. 认知方式

研究表明，在从复杂图形中识别和再认简单图形的任务中，场独立型的人比场依存型的人再认成绩更好些。

4. 信息的加工水平

在识记时对材料信息的加工水平会影响回忆的效果，加工水平越高，回忆效果越好。在一个实验中，让被试对单词进行三种不同水平的加工。（1）结构性的，如："这个单词是用大写字母写的吗？"（2）语性的，如："这个单词和某单词谐韵吗？"（3）语义性的，如："这个单词填入下面的句子合适吗？"然后检查加工时间和回忆成绩。结果表明，加工程度越深，回忆成绩越好。

5. 回忆的场合

回忆的场合既包括客观环境，也包括机体的内环境。回忆的场合与当初识记时的场合是否一致，也会影响回忆的效果。这是因为场合因素与记忆材料发生某种联系，以致对材料进行编码时，也以同样的方式对场合信息进行编码，场合信息也就成为提取材料的外显线索。

6. 回忆时的情绪状态

情绪状态对回忆的影响比较突出地表现在情绪的紧张度方面。一般说，良好的情绪状态，如愉悦、轻松、平和的情绪有利于回忆，而紧张的情绪对回忆会产生明显的抑制作用。比如：一位学生明明在家独自一人把课文背会了，但在全班同学面前背诵时结结巴巴，错误百出，甚至无法背出，这都是由于紧张情绪的影响。有时对某件事的回忆似乎触手可及，可就是一时想不出、说不上，而且是越着急要把它回忆出来，越是回忆不出来。这种现象在心理学上称为"舌尖现象"，也与情绪紧张有关。遇到这种情况，最有效的办法就是暂时不去想它，待注意转移、情绪放松后，想回忆的内容会突然闪现在头脑中。

7. 联想是回忆的基础

联想是由一个事物想到另一个事物的心理过程，是事物普遍联系的规律在人头脑中的反映。回忆常以联想形式进行，即在空间和时间上同时或相继出现的事物，或者在外部特征和意义上相似或相反的事物，在脑中建立某种联系并储存下来，当其中一个事物再次出现时，就会唤起存储在脑中的另一个经历过的事物。常见的联想有以下几种：（1）接近联想：由某一事物想到与它在空间或时间上接近的事物。如"笔—墨—纸—砚""春天—播种"等。（2）相似联想：由某一事物想到和它在外部特征或性质上相类似的事物。如"革命—风暴""折—拆—析"等。（3）对比联想：由某一事物想到和它具有相反特性的事物。如"黑—白""难—易""多—少""柔—刚"等。（4）因果联想：由某一事物想到和它具有因果关系的事物。如"寒冷—结冰""春暖—花开""打雷—闪电"等。在识记材料时，如果能在它们之间以及它们和已有经验之间建立某种或多种联想线索，那么在回忆时，只要记住某一线索，就能联想出一连串材料，可大大提高回忆的效果。

第三节　记忆规律在教学中的运用

一、组织学生有效识记

（一）明确识记目的和任务

心理学实验已证实：记忆目标和意图越清晰、越持久，记忆的效果越好。因为目的任务明确与否，会直接影响记忆的自觉性、积极性、主动性和计划性，最终影响到记忆效果。教师应该引导学生明确识记的目的和任务，鼓励学生自觉主动地提出学习的目的和记忆的任务，培养学生树立长远的记忆目标和意图，帮助学生养成良好的学习习惯。

（二）把识记的材料变为实际操作的对象

在教学活动中，教师应有意识创设情境、设计教学，尽量把需要学生识记的材料变为可供学生实际操作的对象，提高识记效果，改进教学质量。

（三）引导学生根据材料的数量和性质进行识记

心理学研究表明：识记材料的数量与识记效率呈负相关关系。一次记忆的材料越多，需用的时间和次数也越多。因此，教师应鼓励学生把记忆的材料分成许多小任务，采用分段循环记忆，提高记忆效率。另外，根据直观形象材料、视觉材料容易记忆的特点，在教学设计中，教师应把抽象的知识形象化，从而加强识记的巩固程度。

（四）利用已有知识经验进行意义识记

已有的知识经验影响着学生对识记材料的理解和掌握，教师可以通过挖掘、重组、优化学生现有的知识体系，增加他们对要识记材料的理解程度，强化识记。当然，学生的情绪、注意力集中状况、意志特点等识记当时的意识倾向都会影响到识记效果。因此，教师应考虑到学生当时的身心状态，在学生处于积极的情绪状态下进行教学活动，让学生积极参与，提高识记效率。

（五）进行多重编码，提高识记效果

参与活动的分析器的多少可以影响识记的效果。心理学研究也发现，人们在学习时除了语义编码之外，还有形象编码、声音编码和动作编码等。综合运用这些编码系统可以为以后提取信息提供更多的线索，从而有助于记忆。例如，在语言学习中，对单词或词汇的记忆只有做到同时掌握其音、形、义，才能保持得较为牢固。

（六）采用记忆术

记忆术是为那些没有意义而各不相关的项目赋予意义和联系，而特别设计的记忆窍门和方法。这种窍门提供了某种本来不存在的逻辑结构和联想结构，因而有助于机械记忆，对理解记忆也行之有效。主要的记忆方法如下。

1. 定位记忆法

将记忆项目与熟悉的地点位置相匹配，使地点位置成为恢复各个项目的线索。

2. 数字简易记忆法

将数字按谐音换成汉字，进而有助于数字记忆。例如，"8431"可记为"拔丝山药"，"2705"可记为"两栖动物"。

3. 串连记忆法

为记住某些单词或事物名称，人们常将第一个字母或音节串连起来，组成一个字（或单词）的方法称为串连法。例如，north（北）、east（东）、west（西）、south（南）四个单词，取其字母头串联成news（新闻），记住后者，容易记住前面的单词。

4. 直观形象记忆法

把抽象的材料直观形象化进行记忆的方法，称为直观形象记忆法。例如，特级教师斯霞在给学生讲"办"字时说："办事要出力，出力要流汗。"边讲边在"力"字的两边各添一点表示出汗，使学生深刻地记住了"办"这个字。

5. 特征记忆法

对某些无意义的材料可根据其特点进行记忆，如同异法、归并法、等距法、推算法、联系法、谐音法、口诀法等等。

二、合理组织学生复习

（一）及时复习与延后复习

大量研究发现，及时复习的效果优于延后复习，这主要是因为遗忘的发生是先快后慢、先多后少的。及时复习可以赶在遗忘发生之前使所学材料得以巩固，这样就避免了遗忘的迅速发生。

（二）分散复习与集中复习

对于较大量的记忆材料来说，集中复习不如分散复习的效果好。过于集中的复习既有前摄和倒摄抑制的干扰，又有精神过分紧张和身心疲劳的干扰。

在分散复习时，每次间隔时间不宜过短，否则会近似集中复习；也不宜过长，否则会已经遗忘。集中与分散的程度还要根据材料的难易、兴趣的浓淡、动机的强弱和年龄差异而定。

（三）善于利用最佳时间进行复习

一般来说早上头脑清醒、干扰因素少，复习外语单词或其他机械材料效果要好。晚上临睡前，把白天学习的内容回忆一遍，有利于记忆的巩固和良好记忆品质的形成。

（四）多种感觉器官的参与

多感官参与可以更好地提高记忆效果，如表 3-3-1 所示。

表 3-3-1　三种识记方式效果对比

识记方式	识记效果
视觉识记	70%
听觉识记	60%
视听结合识记	86.3%

（五）反复阅读与尝试回忆相结合

反复阅读与尝试回忆相结合是一种积极复习的方法，有利于调动人的学习与记忆的积极性。实验证明：诵读与尝试回忆的时间分配不同，记忆有显著差异；尝试回忆的时间比例越大，记忆效果越好（表 3-3-2）。

表 3-3-2　反复阅读与尝试回忆对记忆效果的影响

时间分配	16 个无意义音节		5 段记叙文	
	立刻	4 小时后	立刻	4 小时后
全部诵读	35%	15%	35%	16%
1/5 试图回忆	50%	26%	37%	19%
2/5 试图回忆	54%	28%	41%	25%
3/5 试图回忆	57%	37%	42%	26%
4/5 试图回忆	74%	48%	42%	26%

此外，编写提纲也是提高复习记忆积极性的有效方式。

第四章　感觉与知觉

人类认识世界的过程是一个从感性认识到理性认识的过程，感觉和知觉是认识世界的开端，是认识过程的初级阶段。本章主要内容为感觉与知觉，共分为三节进行叙述，分别是感觉与知觉的概述、感觉与知觉的规律、感知规律在教学中的运用。

第一节　感觉与知觉的概述

一、感觉的概述

（一）感觉的概念

感觉是人脑对直接作用于感觉器官的客观事物的个别属性的反映。例如，面前有一只苹果，眼看到了苹果的颜色，嘴尝到了苹果的味道，鼻闻到了苹果的气味，手摸到了苹果的果皮，等等。这里"看到""尝到""闻到""摸到"等都是对苹果多种属性中的某种个别属性的反映，这些反映在人脑中引起的心理活动就是感觉。

通过感觉，不仅能够了解外部客观世界中事物的各种属性，如物体的颜色、味道、气味、软硬、光滑程度等，而且也能够知道身体内部器官的工作状况和变化情况，如运动、姿势、饥饿、疼痛等。不管是对外部事物个别属性的反映或是对内部器官工作状况的反映，感觉都具有两个显著的特点。

（1）感觉反映的是当前直接作用于感觉器官的事物，而不是过去的或间接的事物

如果没有当前客观事物的存在，没有客观事物的直接影响和作用，就不能产生任何感觉。

（2）感觉反映的是客观事物的个别属性，而不是事物的整体、全貌。例如，通过视觉，只能看到苹果的颜色或形状；通过味觉，只能尝到苹果的味道；通过嗅觉，只能闻到苹果的香味；等等。

感觉是一种最简单的心理现象，但却是人类认识活动的开端，是一切高级心理活动产生的基础。感觉剥夺实验结果表明，人们在日常生活中漫不经心接受的刺激以及由此而产生的各种感觉是多么重要。没有感觉提供的环境信息、没有感觉提供的原始资料，人类就不会产生新的认识，一切复杂的、高级的心理活动就无从产生，人类也不能维持正常的心理生活。感觉是运动着的物质的映象。不通过感觉，我们就不能知道实物的任何形式，也不能知道运动的任何形式。

（二）感觉的种类

根据刺激的来源不同，可以把感觉分为外部感觉和内部感觉。外部感觉是由机体以外的客观刺激引起、反映外界事物个别属性的感觉。外部感觉的感受器位于身体的表面或接近身体表面的地方，接受外部的各种刺激，包括视觉、听觉、嗅觉、味觉、肤觉。内部感觉是由机体内部的客观刺激引起、反映机体内部状态和内部变化的感觉。内部感觉的感受器位于身体内部，接受来自身体内部的各种刺激，包括机体觉、运动觉和平衡觉。不同感觉对应的感受器和适宜刺激，如表 4-1-1 所示。

表 4-1-1　不同感觉的感受器和适宜刺激

感觉种类		感受器	适宜刺激
外部感觉	视觉	视网膜上的视锥细胞和视杆细胞	波长为 380 至 780 纳米的光波
	听觉	耳蜗中的毛细胞	16 至 20 000 赫兹的声波
	嗅觉	鼻腔上端嗅膜中的嗅细胞	有气味的挥发性物质
	味觉	舌与咽部的味蕾	有味道、溶于水的物质
	肤觉	分布于真皮中的神经末梢	作用于皮肤表面的物理、化学刺激

续表

感觉种类		感受器	适宜刺激
内部感觉	机体觉	内脏器官壁上的游离神经末梢	内脏器官的活动变化
	运动觉	肌梭、腱梭、关节小体	肌肉、关节的运动，身体位移的变化
	平衡觉	前庭器官	身体的加速、减速、旋转

1. 外部感觉

（1）视觉

反映外界事物的大小、明暗、颜色、动静等特性的感觉被称为"视觉"。视觉的适宜刺激是波长为380～780纳米的光波，也被称为"可见光"，超出可见光谱两端的电子波，如短波方面的紫外线、长波方面的红外线等，是人眼感受不到的光波，需要借助于特殊的仪器才能发现。接受光波刺激的感觉器官是眼睛的视网膜。在视网膜上有视锥和视杆两种感光细胞。视锥细胞分布在视网膜的中央部分，它能感受强光和颜色的刺激，并分辨事物的细节，被称为"明视器官"。视杆细胞分布在视网膜的周围部分，它对弱光很敏感，但不能分辨颜色和物体的细节，被称为"暗视器官"。

通过视觉，人们可以获得对机体生存具有重要意义的各种信息（在人类获得的外界信息中，至少有80%以上的信息是经视觉器官输入的），因此，视觉是人类最重要的感觉。

（2）听觉

由声波作用于听觉器官所产生的感觉是听觉。听觉的适宜刺激是频率为16至20 000赫兹的声波，频率低于16赫兹的次声波和频率高于20 000赫兹的超声波，都是人耳不能接受的。

耳朵是人类的听觉器官，它由外耳、中耳、内耳三部分组成，位于内耳的柯蒂氏器内的毛细胞是听觉的感受器，当声音刺激作用于毛细胞时，会引起毛细胞兴奋，产生的神经冲动沿听神经传递到大脑皮层的听觉中枢，产生听觉。

听觉是仅次于视觉的重要感觉（在人类获得的外界信息中，约有10%是经听觉通道获得的），因此，听觉在人类的生活中起着重要的作用。

（3）嗅觉

嗅觉是一种最古老的感觉，适宜刺激是有气味的挥发性物质。这种物质作用于鼻腔上端嗅膜中的嗅细胞，产生神经冲动，经嗅束传至嗅觉的皮层部位（颞叶嗅区）而产生嗅觉。

人类的嗅觉相当敏锐，能闻到成千上万种不同的气味。人类的嗅觉也有巨大的个别差异，甚至有些人缺乏嗅觉。人的嗅觉受多种因素的影响，如刺激物的作用时间、机体的情绪和生理状态、空气的温度与湿度等。

（4）味觉

味觉的适宜刺激是溶于水、有味道的物质，其感受器是位于舌表面、咽后部和腭上的味蕾。人的基本味觉有四种，即酸、甜、苦、咸，其他味觉都是由这四种味觉混合而来。在四种基本味觉中，人对咸味的感觉最快，对苦味的感觉最慢，但就人对味觉的敏感性来讲，苦味比其他味觉都敏感，更容易被觉察。

味觉感觉器官的不同部位对各种味道的敏感性也不同。舌尖对甜味最敏感，舌中、舌的两侧和舌后分别对咸、酸和苦最敏感。

（5）肤觉

由物体的机械和温度特性作用于皮肤表面而引起的感觉就是肤觉。肤觉不是单一感觉而是一类感觉的总称，它包括触压觉、温度觉和痛觉等。

触压觉包括触觉和压觉，是皮肤表面承受某物体压力或触及某物体时所产生的感觉。人体各部位触压觉的敏感程度有很大的差异。一般来说。手指最为敏感，脸部次之，肩部与背部的敏感性较低。此外，人类的触压觉也有很大的性别差异，女性的触压觉均较男性敏锐。

温度觉包括温觉和冷觉，是由皮肤表面的冷、热刺激及其变化所引起的感觉。一种温度刺激引起的感觉是由刺激温度与皮肤表面温度的关系决定的。皮肤表面的温度被称为"生理零度"。高于生理零度的温度刺激，引起温觉；低于生理零度的温度刺激，引起冷觉；等于生理零度的温度刺激，不产生温度觉。

痛觉是有机体受到伤害性刺激所产生的感觉。痛觉是一种很特殊的感觉，它不存在适宜刺激。任何一种刺激，不管是物理性的（如刀割、撞击等）或者是化学性的（酸碱侵蚀等），只要达到一定强度并对机体造成损害或破坏时，都会引起痛觉。痛觉是机体内部的警戒系统，监视来自任何感觉的异常刺激，引起警觉，使人处于防御状态，从而设法避开有害刺激，达到保护机体的目的。因此，痛觉有重要的生物学意义。

2. 内部感觉

（1）机体觉

机体内部器官受到刺激而产生的感觉被称为"机体觉"，又被称为"内脏感觉"。引起机体觉的适宜刺激是机体内部器官的活动和变化，其感受器是分布于人体各脏器壁上的神经末梢。机体觉的表现形式有饥、渴、气闷、恶心、窒息、胀、痛、便意等。当人体的内脏器官处于健康、正常的工作状态时，一般不会产生机体觉。只有当内脏器官工作异常或发生病变时，人才会出现比较明显的机体感觉，通常还会伴随明显的情绪体验。机体觉在调节内脏器官的活动中起着重要作用，它能及时反映机体内环境的变化、内部器官的工作状况，使机体能更好地适应环境，维持生命。

（2）运动觉

由个体的身体活动、姿势变化和位置改变而引起的感觉被称为"运动觉"，又被称为"动觉"。运动觉的感受器分布于身体的肌肉、肌腱和关节中，其适宜刺激是身体的运动和姿势的变化。运动觉是仅次于视觉、听觉的感觉，在人的感知、言语、思维过程中，在各种动作技能（包括生产操作、体操、舞蹈等）的形成和运用中，都起着极其重要的作用。

（3）平衡觉

反映头部位置和身体平衡状态的感觉被称为"平衡觉"，又被称为"静觉"。平衡觉的感受器位于内耳的前庭器官中，其适宜刺激是身体运动时速度和方向的变化以及旋转、翻转、震颤等。平衡觉与视觉、机体觉有密切的联系，当平衡器官受到刺激时，会使人感受到视野中的物体仿佛在移动，产生眩晕，有时还伴随着恶心、呕吐等机体反应，如晕车、晕船等。平衡觉在调节机体肌肉的紧张度、维持身体的自动平衡等方面起着重要作用。

二、知觉的概述

（一）知觉的概念

知觉是人脑对直接作用于感觉器官的客观事物整体属性的反映。

知觉是在感觉的基础上产生的，是对感觉信息整合后的反映。当客观事物直接作用于人的感觉器官时，人首先通过各种感觉反映事物的各种个别属性，同时在大脑的支配和调节下，通过各种感官的协同活动，把事物的个别属性按照其相互联系和关系进行概括、整合，在大脑中形成客观事物的完整映像，这就是知觉。例如：当人们感觉到梨的颜色、香气、味道、大小、形状等，把这些属性综合起来，有时还借助于过去的经验，就构成了人们对梨的整体反映。以后，一旦听到"梨"这个词，人们的头脑中便会浮现出一个"黄色、酸甜、椭圆形"的事物的形象。见到这一形象，人们就会知道这种水果是梨。这种对梨的整体反映就是知觉。

知觉的产生，必须以各种形式感觉的存在为前提。但是在实际生活中，事物的各种个别属性总是紧密结合在一起，构成了一个多姿多彩的事物的整体。如红色，要么是红旗的红，要么是红花的红，或者是其他事物的红，离开了具体事物的抽象的红色是不存在的。因此，在反映事物个别属性产生感觉的同时，知觉也随之产生。尽管知觉是在感觉的基础上产生的，但人们很难在产生过程中把它们划分为两个截然分开的阶段。

当然，也不能把知觉单纯地归结为感觉的简单总和，因为知觉除了以各种感觉为基础外，还要依赖于知觉者过去的知识经验及对事物的兴趣、爱好等。例如，听一首歌曲，除了反映它的声音高低、强弱和音色等个别属性外，还反映这些属性之间在时间延续、空间定位和运动节奏等方面的相互联系。在这种情况下，人们就知觉到一首曲调和旋律稳定、能表达一定感情色彩的完整的歌曲，并产生喜欢与不喜欢的体验。因此，知觉比感觉复杂，知觉是对事物整体的反映，这种反映不再是事物的孤立属性或部分，而是事物的意义。

（二）知觉的种类

按照不同的分类标准，知觉可以分为不同的类型。

1. 根据知觉过程中起主导作用的感觉器官分类

根据知觉过程中起主导作用的感觉器官的活动，可把知觉分为视知觉、听知觉、嗅知觉、味知觉、触知觉等。例如，在对物体的形状、颜色、大小、距离和运动的知觉中，起主导作用的感觉器官是眼睛，形成的就是视知觉；在对歌曲的声调、节奏、旋律的知觉中，起主导作用的感觉器官是耳朵，形成的就是听知觉；等等。在这些知觉中，除了起主导作用的感觉器官以外，还有其他感觉成分参加。在实际的知觉过程中，人们也可以以两种或两种以上的感觉器官为主来完成，如视—听知觉等。一般认为，当多种感觉器官协同知觉时，知觉的效果更好。例如，看电视的知觉效果要优于看报纸或听收音机的知觉效果。

2. 根据知觉对象分类

根据知觉对象的不同，可以把知觉分为物体知觉和社会知觉。

（1）物体知觉

是对事或物及其外部关系的知觉，包括空间知觉、时间知觉和运动知觉。①空间知觉：空间知觉是反映物体形状、大小、深度、方位等空间特性的知觉。空间知觉在视觉、听觉中的表现最为明显。空间知觉是通过后天学习获得的。

形状知觉：是人脑对平面物体形状特征的反映。形状知觉主要是借助于视觉、运动觉和触压觉的协同活动而实现的，其中视觉起主导作用，是人类和动物共同具有的知觉能力。

大小知觉：是人脑对客观事物的大小特性的反映，也是借助于视觉、动觉和触压觉的协同活动而实现的。

深度知觉：又被称为"距离知觉"或"立体知觉"，是人脑对物体的三维特性或物体距离远近的反映。深度知觉是视觉、听觉等感觉协同活动的结果，视觉在其中发挥着重要作用。深度知觉比形状知觉和大小知觉更为复杂，受到许多条件的影响，如物体的大小、高度、位置、光线、天气以及眼肌调节、双眼视差等。

方位知觉：是人对物体的空间关系位置和对自己在空间中所处位置的知觉，如对东、西、南、北、前、后、左、右、上、下等方向的知觉。方位知觉的信息来源于视觉、听觉、运动觉和平衡觉，人对这些信息进行整合，进而确定事物的方位，其中视觉和听觉是最主要的。物体在空间的方位是相对的，人们的方位知觉也只能是相对的。

②时间知觉：时间知觉是对客观对象的持续性和顺序性的反映。时间是客观存在的，但是人们对于时间的知觉却存在主观性，对于时间的判断和估计也存在一定的个体差异。时间知觉不是由某种特定的刺激所引起的，也没有特定的感觉器官，时间知觉主要依靠视觉、听觉和触压觉等感觉的协同活动实现。

时间知觉必须依据客观事物作为参照。例如，自然界的周期性现象，太阳的东升西落、月亮的盈亏圆缺、季节的更迭变换等；也可能是人体生理过程的节律活动，心跳、呼吸、脉搏、饥饿以及个人的体力、智力和情绪的周期性变化等；还有人们发明的计时工具，滴漏、日历和时钟等。

时间知觉受个体的兴趣、情绪、年龄、知识经验等的影响。当人们在从事自己感兴趣的活动时，会觉得时间过得飞快；在从事无聊的活动时则觉得时间过得很慢。同样长的时间，开心的时候总是觉得时间过得飞快，而当心情烦闷的时候则总是觉得时间特别的漫长，正所谓"欢娱嫌夜短，寂寞恨更长"。

③运动知觉：运动知觉是反映物体在空间位置的移动和移动快慢等运动特性的知觉。通过运动知觉，可以分辨物体的运动、静止和运动速度的快慢。

运动知觉依赖于对象运行的速度、对象距观测者的距离以及观测者本身的静止与运动状态。例如，对象距观测者的距离直接影响观测者对运动速度的知觉。对象距离越远，看起来速度越慢；对象距离越近，看起来速度越快。近处的汽车好像从面前飞驰而过，远处的汽车好像不动或只是慢慢移动。运动和静止是相对的，个体观察到某一物体是静止还是运动以及运动的快慢，都是与另一物体做比较的结果。因此，运动知觉必须有一定的参照系。参照系不同，运动知觉也不同。

（2）社会知觉

社会知觉是人对人的知觉，是个体在社会生活实践过程中建立起的对他人、对自己、对群体以及对人与人之间关系的知觉。在社会知觉的基础上，个体形成对他人的印象和判断，并进一步对他人行为做出有根据的归因。

社会知觉包括对他人的知觉、人际知觉、自我知觉和角色知觉。

①对他人的知觉：是指个体在社会交往中，通过对他人外部特征的知觉，进

而认识和推论他们的动机、情感、意图、性格等。对他人外部特征的知觉包括对他人外表所反映出的一切信息的感知，如言谈举止、表情动作、仪容风度等，以形成一个初步的印象。在此基础上，才能认识他人的内心世界。但一个人的内心世界如能力、气质、性格、品德等是非常复杂的，不容易被直接观察到。因此，要想在较短时间内真正了解他人的内心世界很难，所谓"知人知面不知心"就是这个道理。要形成对他人的正确的知觉，需要长期、细致、全面的观察，获得丰富的感性材料，并通过经常的交往、活动，逐渐形成全面、深刻、完整的认识，真正做到知人、知面、知心。

②人际知觉：这是个体对人与人之间关系的知觉。人际知觉是社会知觉中最核心的成分，对个体的社会化进程和人际关系状况都会产生重要影响。

③自我知觉：这是指个体通过对自己的言行举止、心理活动的观察来认识自己，并形成对自己的心理活动过程、心理状态和个性特征的知觉。

"人贵有自知之明"，要善于开展自我批评，客观公正地认知自己、评价自己，不断地调节自己的心理和行为状态，形成正确的自我知觉，避免自高自大或自卑自贱心理的产生。

④角色知觉：是指个体根据自己、他人所表现出的各种行为（如言语、表情、姿态等）来认识自己或他人的社会地位、身份以及相应行为规范的知觉。

常见的影响社会知觉的心理效应有如下方面。

①首因效应和近因效应：首因是指一个人在同他人初次接触时所形成的最初印象，即第一印象。在人们对他人的总体印象的形成过程中，最初印象对人的认知具有极其重要的影响，这就是首因效应。例如，某人在初次会面时给人留下了良好的印象，这种印象就会在很长一段时间内左右人们对他以后的一系列心理与行为特征的解释。首因效应既有积极作用，也有消极作用。

近因即最近（或最后）的印象，近因效应指在总体印象的形成过程中，最近的印象对人的认知所具有的重要影响。一般认为在与陌生人交往时，首因效应起较大作用；而在与熟人交往时，近因效应起较大作用。

②晕轮效应：又被称为"光环效应"，是指当人们对一个人的某种品质和特征形成好或坏的印象后，还倾向于据此推论此人其他方面的特征。如果认为某人

是"好"的，这个人会被一种好的光环所笼罩，一切好的品质都会赋予他；如果认为某人是"坏"的，他就会被一种坏的光环所笼罩，他的所有品质都被认为是坏的。例如，"情人眼里出西施""爱屋及乌"等现象就是晕轮效应的作用。

晕轮效应是一种以偏概全的评价倾向，常表现在以貌取人、以着装定地位、以初次言谈定人的才能与品德等，尤其在对不太熟悉的人进行评价时，这种效应体现得尤其明显。

③社会刻板印象：是指人们对某个社会群体形成的一种概括、固定、笼统的看法。例如，商人大多精明奸诈，知识分子一般文质彬彬；男人勇敢坚强，女人温柔体贴；北方人豪爽，南方人精明；等等，都是刻板印象的例子。

社会刻板印象本身包含了一定的合理的、真实的成分，或多或少反映了认知对象的若干实际状况，有助于简化人们的认识过程，为人们迅速适应社会生活环境提供一定的便利。但社会刻板印象一经形成便具有较高的稳定性，很难随现实的变化而发生变化。因此，它往往会阻碍人们接受新事物，容易形成"先入为主"的成见、偏见，造成社会认知偏差，从而给人际关系造成不必要的伤害。

3. 根据反映客观现实的程度分类

根据知觉对象是否符合客观实际及反映现实的精确程度，可以把知觉分为精确知觉、模糊知觉、错觉和幻觉。

（1）精确知觉

精确知觉是对客观事物或现象形成符合客观实际的、清晰的反映的知觉。在大多数情况下，人们对物或对人的知觉都是精确知觉。

（2）模糊知觉

事物或现象在大脑中形成的映像不清晰、不准确，这时产生的知觉就是模糊知觉。日常生活中，人们一般在对涉及时间、空间、速度、范围、状态等现象做出必要的反应，但所获得的有关信息又不全面、不精确时，容易产生模糊知觉。

（3）错觉

错觉是指人在特定条件下，对人或客观事物产生的不正确的、歪曲的知觉。错觉往往具有固定的倾向性，只要具备了错觉产生的条件，错觉是必然会产生的，通过主观努力很难克服，个体差异只表现在错觉量上的变化。

人类很早以前就已经发现了错觉现象。在为人所熟知的两小儿辩日的故事中，为什么两小儿会觉得太阳距离人们的远近不一样，太阳的大小也不一样，就是因为错觉。

错觉的种类很多，常见的有大小错觉、形状错觉、方向错觉、运动错觉、时间错觉等。其中以视觉错觉最为普遍，它常发生在对几何图形的认知上。图 4-1-1 所示，是一些常见的视错觉。

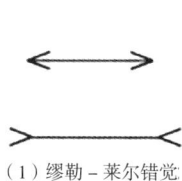

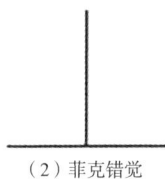

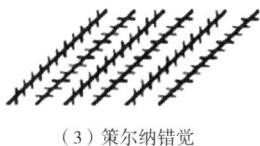

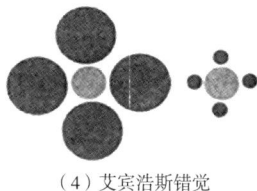

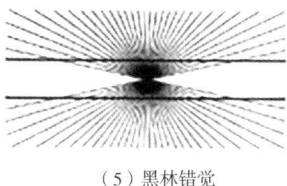

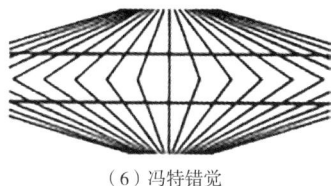

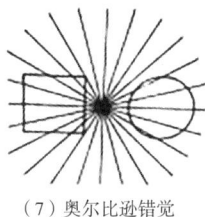

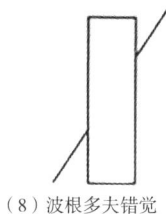

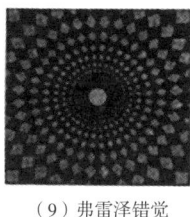

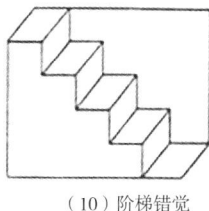

（1）缪勒 – 莱尔错觉

（2）菲克错觉

（3）策尔纳错觉

（4）艾宾浩斯错觉

（5）黑林错觉

（6）冯特错觉

（7）奥尔比逊错觉

（8）波根多夫错觉

（9）弗雷泽错觉

（10）阶梯错觉

图 4–1–1　视错觉

除了视觉错觉外，其他的感觉通道也会产生错觉。例如，同样重的棉花和铁块，棉花会显得轻一些，铁块会显得重一些，这是形状错觉；在大厅中听报告，当眼睛看着报告人讲话时，感觉到声音是从前方传来的，但闭上眼睛听时，就感到声音实际上是从旁边的扩音器中传出来的，这是方位错觉；在火车未开动之前，由于临近火车车厢的移动，觉得自己所乘火车已经开动，这是运动错觉。

错觉产生的原因多种多样，也极其复杂。一般认为错觉的产生有客观的原因，也有主观的原因。人们提出过各种各样的理论，但迄今为止，还没有一种理论被大家所认可，也没有一种理论能准确解释各种错觉产生的原因。

错觉在生活实践中有一定的作用。在建筑设计、服装设计、图案设计、房间布置中，恰当利用错觉，可引起意外的心理效应，给人们生活带来意想不到的惊喜。例如，在服装上合理运用条纹设计可以使人显得瘦一些；在房间的一面墙上装一块大镜子，会使房间显得宽敞一些；等等，这些都是错觉的具体运用。但错觉常常混淆人的视听，扰乱人的心智，影响人的正确判断，因此，要善于辨别错觉，尽量避免错觉产生的不利影响。例如，在教学生判断线段和图形时，要提醒学生切勿轻易相信图形的表面知觉。

（4）幻觉

在没有外界任何刺激作用的情况下，所出现的知觉体验被称为"幻觉"。幻觉是由于个体神经系统功能紊乱，引起大脑皮质区的细胞不随意联系而产生的。幻觉是心理异常的表现，是一种重要的精神病性症状。幻觉偶然也能见于常人。幻觉一般有幻听、幻视、幻嗅、幻味等。临床上最为常见的是幻听，幻视次之，其他种类的幻觉较少出现。

三、感觉与知觉的区别与联系

感觉和知觉是两种既有紧密联系又有区别的心理过程。

（一）感觉与知觉的区别

感觉与知觉之间的区别主要表现如下方面。

1. 感觉和知觉的反映内容不同

感觉是人脑对客观事物的个别属性的反映，而知觉则是人脑对客观事物的整体属性的反映。通过知觉，人们可以了解事物作为整体的意义，因而其内容要比感觉丰富和生动。

2. 感觉和知觉的产生过程不同

感觉只是单一的感觉器官对信息进行简单加工的结果，而知觉则是多种感觉器官协同活动对复杂刺激或刺激物之间的关系进行综合加工的结果。

3. 感觉和知觉赖以产生的因素不同

感觉是介于心理和生理之间的活动，它的产生主要来自感觉器官的生理活动以及客观刺激的物理特性，更多的是由刺激物的性质决定的。知觉的产生是在感觉的基础上对事物的各种属性进行综合和解释的心理活动过程，在很大程度上依赖于主体的知识经验和态度系统。因此，知觉是高于感觉的心理活动，但并非感觉的简单相加，知觉大于感觉之和。

4. 知识经验在感觉和知觉活动中所起的作用不同

人的感觉有无经验均能产生。经验的参与会使个体的感受性更加敏锐。知觉的产生则离不开知识经验，知觉是在知识经验的参与下，对事物加以理解、作出解释的过程。没有知识经验的参与，就不可能产生对客观事物整体形象的知觉。

（二）感觉与知觉的联系

感觉和知觉的联系表现在以下几个方面。

1. 感觉是知觉产生的基础

感觉是知觉的有机组成部分，是知觉产生的基本条件。没有对客观事物个别属性反映的感觉，就不可能有反映客观事物整体属性的知觉。因此，感觉是产生知觉的前提和基础，是知觉的有机组成部分。人们对客观事物的感觉越是丰富、准确，其知觉就越是全面、正确。"盲人摸象"的故事说明了这一点，尽管每个盲人的个人感觉是正确的，但由于感觉信息单一、缺乏完整性，形成的大象的整体知觉则是错误的。

2. 感觉和知觉是同时进行的

在现实生活中，人很少有单纯的感觉存在，二者通常是融为一体的。因此，感觉和知觉被统称为"感知"。在心理学中只是为了研究的需要，才把感觉和知觉区分开来加以讨论。

3. 感觉和知觉都是对直接作用于感觉器官的事物的反映

如果没有当前客观事物的存在，没有客观事物的直接影响和作用，就不能产生任何感觉或知觉。

4. 感觉和知觉的主观映象都是具体的感性形象

感觉和知觉同属于感性认识阶段，是其他高级心理活动产生的基础。

第二节　感觉与知觉的规律

感觉的产生，离不开适宜的刺激物，只有刺激物达到一定的强度，感觉才能产生，人的感觉能力的变化受多种因素的影响。人对客观事物的知觉，有其特殊的活动规律。

一、感觉的规律

感觉的主要规律之一是感受性变化的规律。

（一）感受性与感觉阈限

感受性是感觉器官对适宜刺激的感觉能力。感觉的产生离不开刺激物的作用，但也不是任何刺激物都能够引起人的感觉。例如，人感觉不到落在皮肤上的灰尘，别人手表的声音我们也听不到。要产生感觉，刺激物必须达到一定的强度。另外，人与人的感受性也是有差异的，同样一种刺激，有人能感觉到，有人则感觉不到。感受性的高低是用感觉阈限的大小来度量的。感觉阈限是指能引起感觉的、持续了一定时间的刺激量。感受性与感觉阈限成反比的关系。

我们的每一种感觉都有两种类型的感受性和感觉阈限：绝对感受性和绝对感觉阈限，差别感受性和差别感觉阈限。

1. 绝对感受性和绝对感觉阈限

绝对感受性就是人对最小的客观刺激量的感觉能力。那种刚刚能感觉到的最小刺激量称为绝对感觉阈限。绝对感觉阈限是绝对感受性的客观指标。绝对感受性低意味着需要很强的刺激才能引起感觉，表现为该种感觉的绝对感觉阈限较高。绝对感受性与绝对感觉阈限在数量上呈反比关系，可用公式表示为：$E=1/R$，公式中，E 代表绝对感受性，R 代表绝对感觉阈限。

人的各种感觉的绝对感觉阈限是不同的。不同个体的绝对感觉阈限也有差异，而且感觉阈限也会因机体健康状况或生理状况及一些其他心理因素的不同而发生变化。

这里需指出的是，处于绝对感觉阈限以下的刺激，虽然未被人感觉到，但不等于人的机体无反应，一般来说，绝对感觉阈限以下的刺激也能引起一定的生理反应，只是这种生理反应没有被人感觉到。

2. 差别感受性和差别感觉阈限

差别感受性是对两个刺激量强度的感觉能力。刚刚能引起差别感觉的两个同类刺激物之间的最小差别量叫差别感觉阈限。例如，一个人手里拿着 100 克的物体，再增加 1 克，感觉不到重量增加，只有增加 3 克时才能感觉到。这里的 3 克就是差别感觉阈限，对这一差异的感觉能力就是差别感受性。差别感觉阈限和差别感受性亦呈反比关系。差别感觉阈限小，差别感受性越大；反之，差别感觉阈限越大，差别感受性越小。

19 世纪前半期，德国物理学家兼生理学家韦伯发现差别感觉阈限与原来的刺激量的比值是一个常数，用公式表示为：$K=\Delta I/I$，公式中，I 代表原刺激量，ΔI 代表此时的差别阈限，K 代表常数。这个公式叫韦伯定律。在一般情况下，K 在视觉中是 0.01，在听觉中是 0.1，在重量感觉中是 0.03。

了解差别感觉阈限具有现实意义。人们可以根据差别感觉阈限来认识、处理一些实际问题。例如，室内灯光较暗需增加亮度，根据光的差别感觉阈限，应该至少增加原来亮度的 1/100，如果低于这个比率，人们仍感到与原来的亮度一样。

差别感受性可以通过训练而改变，如商店里卖糖果的售货员用手抓糖，他们对糖的重量掂量较准确，这是因为长期的职业工作训练使他们的重量差别感受性提高了。

（二）感受性的变化

人对刺激的感受性不是一成不变的，会随着内部或外部条件的变化而变化。

1. 感觉适应

由于刺激物对感受器的持续作用而使感受性发生变化的现象称为感觉适应。感觉适应有时表现为感受性提高，有时表现为感受性降低。适应是一种较普遍的感觉现象，几乎各种感觉都存在适应现象。"入芝兰之室，久而不闻其香，入鲍鱼之肆，久而不闻其臭。"这是嗅觉的适应。去游泳池游泳，刚入水时觉得冷，几分钟后，就不再觉得水冷了；相反，洗热水澡时，最初觉得热，过几分钟就觉得不那么热了，这是皮肤温度觉的适应。初冬刚穿棉大衣时觉得肩部很沉，不久就不再觉得那么沉了，这是触压觉的适应。糖葫芦越吃越不觉得酸，这是味觉的适应。视觉也容易发生适应，视觉的适应可分为暗适应与明适应。

暗适应是从亮处进入暗处或照明停止时，由看不清到逐渐看清物体轮廓的感受性变化。暗适应是视觉感受性提高。明适应是从暗处到光亮处，特别是在强光下，最初一瞬间感到发眩耀眼，几乎什么都看不清楚，经过几秒钟后就能逐渐看清物体。

听觉属于弱适应，痛觉的适应也很难产生。正因为痛觉难适应，它才成为伤害性刺激的信号而具有生物学的意义，确保机体的健康。

感觉适应对于有机体来说具有积极的意义，使有机体能够在变化的环境中不断感知外界事物，进而调整自己的行为，以便更好地学习、生活和工作。

2. 感觉的相互作用

同一感觉之间或不同感觉之间由于刺激的相互影响而使感受性发生变化，这种现象称为感觉的相互作用。感觉的相互作用主要包括同一感觉的相互作用和不同感觉的相互作用。

感觉对比是同一感觉的相互作用，是指同一感受器接受不同刺激而使感受性发生变化的现象。感觉对比分同时对比与继时对比两种。同时对比是几个刺激物同时作用于同一感受器而产生的对比现象。视觉的同时对比表现得较为明显。例如，把明度相同的一个小方块灰纸放在白色的背景上，就显得比放在黑色的背景上要暗些。刺激物先后作用于同一感受器而产生的对比现象称为继时对比。继时对比在味觉中表现的较明显，如吃了糖以后接着吃橘子，就会觉得橘子酸；吃了苦的东西后再喝白开水会觉得有点甜味。

不同感官之间也会产生相互作用。不同感觉的相互作用是指一种感觉的感受性由于其他感觉的影响而发生变化的现象。例如，银幕上阅兵式正在进行，伴随着雄壮的军乐声，觉得士兵走起来矫健有力，这是听觉对视觉感受性的影响；牙痛的人听到噪音牙会疼得更厉害，这是听觉对痛觉感受性的影响；食物不仅好吃，还要好看，好看的食物能够提高味觉感受性；学生上课时看着老师听课，听得更清楚，这是视觉对听觉的影响。

3. 实践和练习

社会生活条件和实践活动也影响着感受性的变化。经常从事某种职业的人，由于长期使用某些器官，相应的感受性就比一般人高。例如，职业品酒员的味觉和嗅觉比一般人要灵敏得多；炼钢工人能够根据炉内火焰的颜色判断炉内温度的高低；染料工人能够分辨几十种浓淡不同的黑色；熟练的汽车司机，能够根据汽车的声音听出汽车的毛病所在；盲人通过触觉阅读盲文，通过自己的脚步声辨别附近的建筑物、河流、旷野等地形；聋人能够"以目代耳"、能够看话；等等。这些人有如此高的感觉能力，也正是长期实践活动的结果。

人的感受性通过专门的练习也能够提高。有实验证明，不懂音乐的人对音高的分辨能力可以通过训练得到提高。只要感觉器官健全，人的各种感觉都有较大的发展可能性。因此，学校教育应重视学生感觉能力的培养，引导、组织学生参加一些实践活动，促进学生感觉能力及其他能力的发展。

二、知觉的规律

人对客观事物的知觉，受主客观条件的影响，有其特殊的活动规律。知觉过程的心理规律，可以归纳为知觉的 4 个基本特征。

（一）知觉的选择性

我们生活的世界丰富多彩，有许多事物同时作用于我们的感觉器官，但我们不能同时知觉所有作用于我们的刺激物，只能反映其中的一些刺激物。被知觉的刺激物称为知觉的对象，其余的则称为背景。这种把知觉的对象从背景中区分出来的特性称为知觉的选择性。例如，课堂上，学生注视教师呈现的教具时，教具就成了学生知觉的对象，而黑板、墙壁等就成了背景。在知觉的选择性中，知觉的对象和背景是可以相互转换的（图 4-2-1）。

图 4-2-1　两歧图形

知觉的选择性受下列几方面客观因素的影响。

1. 对象和背景的差别

对象和背景之间的差别越大，对象越容易从背景中区分出来。例如，教师板书，用白色粉笔在黑板上写字"黑白分明"；批改作业，用红笔最明显；出板报时，重点部分用彩色粉笔书写，最引人注目。相反，军事上的伪装、昆虫的保护色，使对象和背景差别缩小，从而不易被发现。

2. 对象的活动性

在静止的背景上，活动的刺激物容易成为知觉的对象。例如，夜空中的流星、人造卫星，闪光的霓虹灯广告，电影、幻灯等活动教具，都易被人们知觉。

3. 刺激物的新颖性

新颖的刺激物，容易成为人知觉的对象。例如，教师讲课时，抑扬顿挫的声音、新颖的教学内容和教学方式，容易引起学生的兴趣；在人群中，穿着打扮与众不同的人，容易成为瞩目的对象。

此外，知觉的选择性还受一些主观因素的影响。有无明确的目的、有无积极的态度以及知识经验的丰富程度、个人的需要、动机、兴趣、爱好等都会影响知觉对象的选择。例如，在看报纸时，不同职业的人，关注的内容会存在一些差异。

知觉的选择性对人的实践活动具有重要的意义。在学校教育教学中，自觉地遵循知觉的这一特性，可促进教育教学效果的提高。例如，在课堂教学中，有意使知觉对象和背景形成鲜明的对比；有意提高知觉对象的活动性；等等。再如，在校园建设中，采取提高刺激物强度等做法可突出教育内容。

（二）知觉的整体性

当客观事物的个别属性作用于人的感官时，人能够根据知识经验把它知觉为一个整体，这就是知觉的整体性（图 4-2-2）。

图 4-2-2　点子图

在看这些图的时候，一开始就把它们看成是三角形和正方形，而不是看成一个个的小圆点。"管中窥豹，时见一斑"说的也是知觉的整体性。借助于知觉的整体性，人对事物的反映才会由个别到整体。

在整体知觉中，刺激物之间的关系起着重要作用。有时，刺激物的个别部分改变了，但各部分的关系不变，仍能保持整体的知觉。例如，一首乐曲由不同人演唱，用不同乐器演奏，仍被人们知觉为同一首乐曲；一个人穿上不同的衣服、面容略有改变，但是他的朋友还能认出来。

知觉的整体性受下列几方面因素的影响。

1. 知觉对象的特点

在空间上邻近、相似、对称、连续、共同命运以及封闭的刺激物容易被知觉为一个整体（图 4-2-3）。

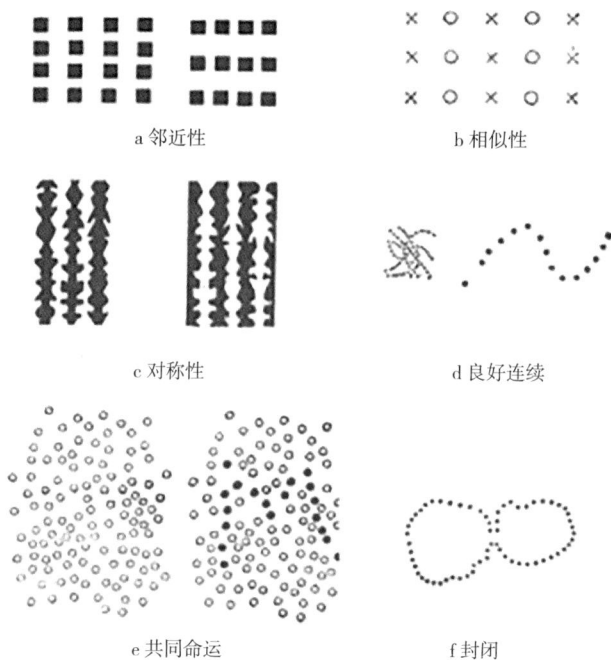

a 邻近性　　　　　　　　　　　b 相似性

c 对称性　　　　　　　　　　　d 良好连续

e 共同命运　　　　　　　　　　f 封闭

图 4-2-3　刺激物各部分的组合图

2. 个体的知识经验

当知觉对象提供的信息不足时，知觉者常常运用经验对残缺的部分进行补充整合，从而获得整体印象。例如，我们看书时，能够知道个别模糊的字词是什么，就是依赖于已有经验的推测。

知觉的整体性对于人类适应环境具有重要的意义。我们生活的环境总会发生一些变化，有了知觉的整体性，我们才能够根据事物的主要特征识别发生变化了的事物，从而对事物有更深入的认识。

（三）知觉的理解性

人在知觉某一客观对象时，不是被动地把知觉对象的特点直接登记下来，而是以过去的知识经验为依据，对知觉对象做出某种解释，使它具有一定的意义，这种特性称为知觉的理解性。

知觉的理解是以知识经验为基础的，是人把对当前事物的直接感知纳入已有的知识经验系统中去，从而把该事物看成某种熟悉的类别或确定的对象的过程。

知识经验不同，对知觉对象的理解程度也不同。知识经验越丰富，理解就越深刻，对事物的知觉也就越完整、精确。例如，一般人看到一只蝴蝶只知道它是蝴蝶并形成关于它的鲜明形象，而昆虫学家则能确定这只蝴蝶的种类、生长地、习性等。知识经验参与知觉不仅提高了知觉的质量，还能提高知觉的速度。对于熟悉的内容读起来快也是因为知识经验的影响。

语词对知觉的理解性起着重要作用。语词可以唤起人们以往的知识经验，促进对知觉对象的理解；同时，言语的提示和知识经验也可补充直接经验的不足或缺陷，使人对事物的知觉更迅速、更完整。如图 4-2-4 所示，看上去只是一些黑色的斑点，看不出是什么对象，如果有人说出"这是一条狗"，这时立刻就能将这些斑点看成一只狗的轮廓。

知觉的理解性

斑点图

图 4-2-4　不完整图形

此外，人的动机、期望、情绪和定势等因素对知觉对象的理解也有一定的影响。

知觉的理解性对人的知觉既有积极的一面，又有消极的一面。教师在从事教学活动时，一方面要联系学生已有的知识经验，增进知觉的理解性，提高教学的效果；另一方面又要注意已有的知识经验对当前知觉活动所产生的消极定势作用。此外，知觉的理解性不仅可提高知觉的效应，还是形成事物表象并转为科学概念的重要条件。

（四）知觉的恒常性

知觉的恒常性是知觉条件在一定范围内变化时，人对客观事物的知觉映象仍然保持相对不变的特性。视知觉的恒常性特别明显，有大小、亮度、形状和颜色等恒常性。例如，强光照射煤块的亮度远远大于黄昏时粉笔的亮度，但我们仍然把强光下的煤块知觉为黑色，把黄昏时的粉笔知觉为白色，这是亮度恒常性；站在 10 层高楼上往下看，会看到下面人很小，汽车也很小，但还是能分清是大人还是小孩，是大车还是小车，这是大小恒常性；坐在教室的不同位置看门，虽然在视网膜上形成的映像不同，但仍然把它知觉为恒常的形状，这又是形状恒常性。

此外，在听知觉、嗅知觉、味知觉以及肤知觉中，都有知觉恒常性的表现。

知觉的恒常性主要是过去经验作用的结果，通常客体是在熟悉的环境中被知觉的，有熟悉的参照物。如果缺乏知识经验，周围又没有参照物，知觉就难以保持恒常性。所谓"夜不观色"就是知识经验的影响。

知觉的恒常性在我们日常生活、工作和学习中具有重要的意义，它使人能在不同的情况下，按照事物的本来面貌反映事物，使人更好地适应瞬息万变的外部环境。

第三节　感知规律在教学中的运用

感知是认识过程的初级阶段，它为复杂的认识过程提供感性材料。学生要掌握科学理论知识，必须以感性认识为基础。所以，在教育教学过程中，教师必须重视学生的感知活动，充分调动学生的感觉器官，正确应用感知规律，使教育教学取得良好的效果。

一、直观教学的合理应用

在教学过程中，利用直观教学提高对知识感知效果的直观教学形式主要有实物直观、模像直观、言语直观等。

实物直观，是以实物、标本、演示实验、真人真事、现场参观、戏剧表演等来实际感知要学习的实际事物而进行的直观方式。这种直观形式的优点是生动、形象、逼真，它有助于对知识理解的正确和精确。其缺点是本质的属性易被其他非本质属性掩盖，如用圆盘来作圆的直观，就很不容易看出圆心、半径和直径。另外，受时间和空间的限制，像植物和动物的生长过程，原子、电子的结构，古代社会的生活方式等很难直接被感知。因此还必须采取其他的直观形式。

模像直观，是用根据物质特点制成的模型、仪器、图片、塑像、幻灯片、教学视频等对事物模像进行直接感知的直观方式。这种直观虽不如实物逼真，但可以人为地突出重点和本质，操作演示也方便灵活，不容易受时间和空间的限制，可以补充实物直观的不足，为理解教材内容创造有利条件。

言语直观，是以生动描述事物形象的书面或口头语言对言语的物质形式（语音、字形）的感知及对语义的理解而进行的一种直观形式。这种直观虽不如前两种生动、形象、逼真，但具有灵活、经济、方便的特点。言语和表情动作相结合也是教师经常采用的一种直观形式。

以上三种直观形式应根据教学的需要和问题的性质灵活选用，注意语言和形象的结合，才能提高教学的效果。在形象与语言的结合中要注意以下几点。

（1）形象的直观过程应受语言的调节。若教师错误地把直观本身当作目的，为直观而直观，满足于表面的热闹、生动，忽视言语对于事物本质特点的揭示，就必然会使学生的感知失去目的性，从而降低教学效果，甚至产生消极影响。

（2）应注意用确切的语言对形象的直接结果加以表述。

（3）依据教学任务，选择合适的语言与形象结合的方式。选用先直观后讲解，或直观与讲解同时进行，或先讲解后直观都可。在教学过程中，一般采用边使用直观教具边讲解的形式。过多地运用直观教具而忽视语言的讲解，会降低直观教学的效果。对于挂图或模型上不能表示或没有表示出来的内容，应该加以说明，以免学生产生片面的或错误的理解。在学生自己做实验时，教师必须加强实验指导。

（4）教师必须明确直观本身不是目的，而是一种手段。目的是引导学生在感知直观材料的基础上，积极进行思维活动，透过现象了解事物的本质，获得科学的理性知识。

二、遵循感知规律，提高直观教学效果

在教学过程中，教师应按照感知活动的特点和规律来正确地组织直观教学，提高学生的感知效果。

（一）运用被感知事物的强度律

强度律表明，作为知识物质载体的直观对象（实物、模像或言语）必须达到一定的程度，才能为学习者清晰地感知。因此，在直观过程中，教师应突出那些低强度但重要的要素，使它们充分地展示在学生面前；在讲授过程中，教师应尽量做到抑扬顿挫、轻重有别。

（二）运用对象与背景差别的差异律

对象与背景的差异越大，把对象从背景中区分出来就越容易。对同一知识内容体系中对象和背景的设置与区别可以说是一门艺术。对象与背景的设置可以从两个层次分析：在物质载体层次，涉及的是如何在板书设计、教材编排、授课技巧等方面恰当地加大对象与背景的差异，突出直观对象；在知识本身层次，涉及的是新旧知识的安排，如何使已有知识在学习新知识时起到经验作用，即通过什么样的手段、途径唤起某些旧知识，使旧知识能成为学习新知识的支撑点。

（三）运用静止背景上的对象活动性的活动律

要善于使作为对象的知识较之作为背景的知识活起来。也就是说，应注意在变化中呈现对象。因此，要善于利用现代科学技术作为知识的物质载体，使知识以活动的形象展现在学生面前；并注意在变换背景知识条件下多次突出对象知识，从而造成一种活动的态势。

（四）运用知觉的组合律

组合律表明，凡是在空间接近、时间上连续、形状上相同、颜色上一致的事物，易构成一个整体为人们所清晰地感知。因此，教材编排应分段分节；教师讲课应有间隔和停顿；板书布局应合理，顺序适当，大小主次适宜，重点突出。

（五）让学生交替使用多种感官感知对象的协调律

不仅要求学生留心听，还要用眼看，用手触摸，用鼻子嗅，亲自操作，用头脑思考。把有对比意义的材料放在一起，进行内容对比、颜色形状对比、功能意义对比、人物外貌对比、环境对比等，都有利于学生正确地知觉。

三、提高师生双方的社会知觉能力

在教学过程中，一方面教师应加强自身修养，提高自己的社会知觉能力，正确对待每一个学生，采取正确的教学方式方法；另一方面，大部分学生尚未成熟，社会知觉能力还很差，需要极大提高，教师应有意识地培养学生的社会知觉能力，这样有助于他们形成健全的人格和良好的个性心理品质。在提高社会知觉能力的过程中，教师应注意以下几方面。

（一）正确对待第一印象

第一印象是指给人留下的最初印象，即两个素不相识的人初次见面对对方产生的印象，它影响着后来再次发生的知觉。在教育中，教师要注意自己的言行举止、穿着打扮等，尤其是教态、教风，给学生留下良好的第一印象；对待学生，则不能单凭第一印象去判断、推测学生的优劣，"先入为主"，而应以全面发展的观点看待他们，善于从他们身上不断获得新的信息，做到一视同仁。

（二）避免"晕轮"效应

"晕轮"效应是指在社会知觉中，把知觉对象某一特性不加分析地扩大为他的整体特性。如对学习成绩好的学生"一俊遮百丑"，让这方面的优点掩盖各种缺点，而对学习成绩差的学生"一坏百坏""一无是处"。因而，教师要实事求是、全面地看待学生，防止以偏概全。

（三）防止"刻板印象"

即防止对事物产生比较固定的、笼统的看法。如一般人总认为老人弱不禁风，北方人豪爽、耿直，上海人机灵，等等。在教育教学中，教师要避免将顽皮、反抗的学生看成不懂事、难以管教的差生，而把安静、顺从的学生看成是守纪律、听话的好学生；不要认为女学生到了高年级时成绩就一定会滑坡；不要认为男女同学之间频繁交往就一定有问题。教师应注重对学生进行长期、深入、细致的观察和了解，针对学生个体特点进行具体分析，作出客观、公正、全面、科学的评价。

四、培养学生的观察力

观察是指有目的、有计划、有思维活动参加的，比较持久的知觉，是知觉的高级形式。因它与积极的思维相联系，所以有时也称作"思维的知觉"。观察这种知觉形式和在长期系统观察过程中逐渐形成发展起来的观察能力，对教育、科研、学习、军事等实践领域具有非常重要的作用。观察的能力简称观察力，是个性心理特征中能力的重要成分。所谓观察力，是指有目的、主动地去考察事物并善于全面正确地发现事物的各种典型特征的知觉能力。

在教学中，教师通过对一定直观教具的操纵来有效完成教学任务，其效果如何，主要取决于学生的观察力。因此，为了更好地完成教学任务，必须认真培养学生的观察力。

培养观察力要注意以下几项工作。

（一）明确观察的目的、任务

观察的目的、任务是否明确，是影响观察效果的重要原因。目的、任务明确，学生知道要观察什么，不观察什么，哪里是观察的重点，哪里只要一般了解，这样可以收到良好的预期效果。

（二）教给学生观察的方法

观察前要订出周密的观察计划，做好必要的知识准备，选择有效的观察方法。观察可以按"整体—部分—整体"的顺序进行，也可以按"部分—整体—部分"的顺序进行。可以"由近及远"，也可以"由远及近"地进行观察。选择什么样的观察方法，要根据需要确定，不要顾此失彼。

观察的步骤、方法可以让学生自己选择，但是，观察的步骤和方法关系到观察的效率和效果，学生选择的观察步骤和方法，教师一定要认真加以审查。

（三）启发学生积极思维

在观察过程中，要鼓励学生对观察到的每一个细节都要从不同的角度、不同的侧面加以分析，提出自己的见解，不要满足于现成的答案。

（四）指导学生做好观察总结

观察结束后要进行总结。总结的形式可以是书面的、口头的，也可以是图表、图解的。要提倡学生之间相互交流观察的心得，找出自己的不足之处，相互学习。也要鼓励学生就观察涉及的问题进行评价。

（五）培养良好的观察力品质

良好的观察力主要有以下几种主要品质。

（1）客观性，即观察时要实事求是地按照客观事物本来面目进行观察，排除主观因素，获得准确、合乎事实的结论。

（2）全面性，即在观察时应从不同角度、不同方位、不同层次全面观察，避免以偏概全。

（3）创造性，即能在别人不以为然、司空见惯的事物和现象中发现新问题。

（4）敏锐性，即善于及时地发现别人不容易觉察到的事物的特征，捕捉其有价值的因素。

（5）精确性，即善于辨别事物或现象之间的细微差别，不遗漏重要的细节。

第五章　情绪与情感

情绪、情感与意志是人的心理活动的基本过程，是人类在实践活动中产生的心理体验及改造世界的活动的基本心理形式，是个体心理发展的基本源泉。本章主要内容为情绪与情感，共分为四节进行叙述，分别为情绪与情感的概述、情绪与情感的分类、情绪的调节、情绪与情感在教学中的运用。

第一节　情绪与情感的概述

一、情绪与情感的概念

心理学认为情绪、情感是人对客观事物的态度体验及相应的行为反应，是客观事物与人的需要之间关系的反映。这一概念包括三层含义。

（一）客观事物是产生情绪、情感的来源

任何情绪、情感都不是自发的，而是由某种事物引起的。引起情绪、情感的客观事物包括发生在主体周围的人或事，也包括主体自身的生理状态等。

（二）情绪、情感的产生是以客观事物是否满足主体的需要为中介

情绪、情感是由客观事物引起的，但客观事物本身不直接决定情绪、情感，它对情绪、情感的决定作用以需要为中介。当客观事物满足了人的需要时，就会引起快乐、满意等积极肯定的情绪、情感。当客观事物不能满足人的需要时，会引起生气、苦闷、不满、憎恨等消极否定的情绪、情感。当客观事物只能部分满

足需要时，就会产生喜忧参半、百感交集、啼笑皆非等多种情绪、情感交织的情况。

（三）情绪、情感是一种主观的态度体验

情绪、情感反映的是一种主客体的关系，是作为主体的人的需要和客观事物之间的关系。例如，长期遭受旱灾的地区降了一场大雨，这场雨显然符合人们的主观需要，人们会对它采取肯定的态度，产生满意、愉快等内心体验；相反，已经遭受洪涝灾害的地区仍然降雨不止，造成更大的损失，降雨显然违背了人们的主观需要，人们会对它持否定的态度，产生不满、愤怒甚至憎恶等内心体验。

二、情绪与情感的区别和联系

（一）情绪与情感的区别

情绪与情感一直被作为一个统一的心理过程来讨论，但从产生的基础和特征表现上来看，二者有所区别。

情绪出现较早，多与人的生理性需要相联系；情感出现较晚，多与人的社会性需要相联系。婴儿一生下来，就有哭、笑等情绪表现，而且多与食物、水、温暖、困倦等生理性需要相关；情感是在幼儿时期随着心智的成熟和社会认知的发展而产生的，多与求知、交往、艺术陶冶、人生追求等社会性需要有关。因此，情绪是人和动物共有的，但只有人才会有情感。

情绪具有情境性和暂时性；情感具有深刻性和稳定性。情绪常由身旁的事物引起，又常随着场合的改变和人、事的转换而变化。因此，有的人情绪表现喜怒无常，很难持久。情感可以说是在多次情绪体验的基础上形成的稳定的态度体验，如对一个人的爱和尊敬可能是一生不变的。因此，情感特征常被作为人的个性和道德品质评价的重要方面。

情绪具有冲动性和明显的外部表现；情感则比较内隐。人在情绪的左右下常不能自控，高兴时手舞足蹈，郁闷时垂头丧气，愤怒时又暴跳如雷。情感更多的是内心的体验，深沉而久远，不轻易流露出来。两者区别如表 5-1-1 所示。

表 5-1-1　情绪与情感的区别

	引起的需要	稳定性	表现特征	自我控制
情绪	生理需要 人和动物共有	情境性 表浅性	冲动型 外显性	难以控制
情感	社会需要 人所特有	稳定性 深刻性	深沉性 内隐性	可由意识支配

（二）情绪与情感的联系

情绪和情感虽然不尽相同，却是不可分割的。因此，人们时常把情绪和情感通用。一般来说，情感是在多次情绪体验的基础上形成，并通过情绪表现出来的；反过来，情绪的表现和变化又受已形成的情感的制约。当人们从事一项工作的时候，总是体验到轻松、愉快，时间长了，就会爱上这一行；反过来，在他们对工作建立起深厚的感情之后，会因工作的出色完成而欣喜，也会因为工作中的疏漏而伤心。由此可见，情绪是情感的基础和外部表现，情感是情绪的深化和本质内容。

三、情绪与情感的两极性

情绪和情感不同于其他心理过程的一个重要性质是两极性，即人的多种多样的情绪、情感都可找到恰好相反的情绪、情感。这些对立的情绪、情感形成两极，而两极之间又存在程度上的不同，呈两极的连续状态。情绪、情感的两极性表现在如下方面。

（一）在快感度方面，两极为愉快—不愉快

每种情绪都可从非常愉快—愉快——一般—不愉快—非常不愉快这一连续体验中找到位置。需要得到满足，便能引起愉快的体验，如高兴、愉快、满意、欢喜等；需要不能得到满足，便会引起不愉快的体验，如愤怒、憎恨、忧愁、烦恼等。

（二）在紧张度方面，两极为紧张—松弛

在人活动的关键时刻易产生紧张，紧张的程度既决定于当时情景的紧迫性，

也决定于人的应变能力及心理的准备状态。通常紧张状态能导致人积极的行动，当紧急关头过去和应激状态消失之后，即出现紧张的解除或轻松的状态。例如，考试或比赛前会紧张，而考试和比赛后则紧张解除，感到放松。

（三）在激动水平方面，两极为激动—平静

激动的情绪表现为强烈、短暂、爆发式的体验，如激愤、狂喜、绝望等。激情的产生往往与人在生活中占重要地位、起重要作用事件的出现有关，同时又出乎原来的意料，违背原来的意向，并且超出了意志的控制。与短暂而强烈的激情相对立的是平静的情绪，人在多数情境下处在安静的情绪状态之中，在这样的场合中人能从事持续的智力活动。

（四）在强度方面，两极为强—弱

在情绪的强度方面，表现为强与弱对立的两极。一般来说，人的任何情绪、情感在强度上都有一系列由弱到强的等级变化。例如，心理学家常常根据情绪的强度，把怒分为愠怒、愤怒、大怒、盛怒、狂怒等，把喜分为欣喜、欢喜、狂喜等。情绪的强度越大，整个自我被卷入的趋向越大。情绪的强度取决于引起情绪的事件对人的意义以及个人的既定目的和动机是否能够实现和达到。

情绪和情感的两极不是绝对互相排斥的，也不是绝对不可互相转化的，甚至可以在同一事物中同时出现。例如，在学习中遇到的阻力和困难可能引起愁闷，也可能引起激奋，这对立的两极可以因一定的条件而互相转化。

四、情绪的生理变化和外部表现

情绪伴随有多种生理反应和外在行为表现。当情绪产生时，人或者动物会体验到三个方面的变化，即行为的变化、自主神经系统的变化和激素水平的变化。例如，当人受到威胁时，为了保护自己，会首先采取一种攻击性的姿势，双手掐腰，提高声音，怒视对方，甚至进行攻击；如果威胁者比自身强大，会逃跑以避开威胁。这些是情绪的行为表现，而自主神经系统使上述行为得到易化，使体内的能量快速动员起来，以完成如此刚烈的运动。与此同时，体内的激素水平也在快速改变，激素的反应强化了自主神经系统的反应。

这三个方面的变化是人和动物产生情绪时都会出现的，而人类的情绪还伴随着个人的主观体验，如快乐、愤怒、恐惧、悲哀等。其实，与情绪相伴随的体验在进化过程中出现得较晚。人们常常更关注情绪体验，而忽略了情绪与生俱来的生理变化。

（一）情绪的生理变化

情绪的生理变化是指随着情绪的发生，有机体在呼吸系统、循环系统、消化系统和腺体活动等方面发生的一系列变化。

有机体具有对情绪产生反应的中枢。恐惧、愤怒的情绪控制中枢在脑的杏仁核位置。向动物呈现威胁性的刺激时，动物的杏仁核会被激活，一旦损毁动物的杏仁核，那些曾经使动物感到害怕的事物便不会再引起动物的反应。杏仁核在人类的恐惧情绪中也发挥着作用。让被试观看一些暴力犯罪电影，被试在观看和要求回忆这些电影时，杏仁核被明显激活。杏仁核还能够抢先对危险做出反应。当人们看到危险刺激时，刺激信息会沿着两条通路传递：一条通路经过大脑的不同部位最终到达大脑皮层的视觉中枢，在这里大脑会解释人们看的是什么并评估是否有危险；而另一条通路则直接传入杏仁核，在杏仁核进行初步加工，判断其危险性，因此，这条"短路"可以在大脑皮层对刺激识别、评估之前，抢先做出反应。例如，人有时会先被眼前的事物吓一跳，紧接着才看清眼前的事物。此外，杏仁核与人的嗅觉相连，清晰、甜美的香味会使杏仁核的激活减弱，使人感到放松和安全。

有机体的愉快情绪决定于脑内多巴胺的分泌。多巴胺是脑内分泌的一种神经递质，这种神经递质的分泌会使人感到愉快。心理学家用小白鼠进行研究，用电极刺激小白鼠脑内的多巴胺能系统。四只实验小白鼠中有三只在连续48个小时内以高频率按动杠杆，几乎一刻也没有休息；另一只小白鼠则以每小时高于200次的频率按动杠杆并持续了26小时，由于疲劳过度而倒下，醒来后立即仍以高频率按动杠杆。实验小白鼠甚至在食物和电刺激之间选择电刺激，即使每天只吃5克食物使之处于饥饿状态也是如此。刺激人脑内多巴胺的分泌，也会使人感到愉快。一些药物（如可卡因）可以阻断脑内多巴胺的传递，使脑内某一部位的多巴胺大量聚集而使人感到高度的愉悦。

（二）情绪的外部表现

情绪活动常常伴随着躯体运动的变化。例如，人在愤怒时会瞪大眼睛，握紧拳头；在悲哀时会嘴角向下，步伐缓慢；在高兴时会捧腹大笑；等等。情绪的外部表现包括面部表情、身体姿态表情以及言语表情。

1. 面部表情

人类面部的表情肌特别发达，不同的情绪状态往往伴随有不同的表情肌活动。面部表情是指由面部肌肉和五官的变化所表示的情绪状态。

2. 姿态表情

姿态表情是指借助全身姿态和四肢活动来表达情绪和情感。舞蹈是姿态表情的最好诠释，舞蹈家通过各种肢体动作表达各种情绪。

3. 言语表情

言语表情是指由言语的音调（如语音的高低强弱、调度的轻重缓急等）的变化所表现出的情绪状态。人在激动时语音升高，语速加快；在悲哀时语音降低，语速变缓。

五、情绪与情感的功能

在人类生活中，情绪与情感对人的心理活动、社会实践具有重要的作用。这些作用主要表现为以下几个方面。

（一）动力功能

情绪与情感的动力功能是指，情绪与情感能够驱使个体进行某种活动，也能够阻止或干扰正在进行的活动。积极的情绪情感对行为有增力作用，消极的情绪情感对行为有减力作用。动力功能主要体现在情绪情感能够以一种与生理性动机或社会性动机相同的方式激发和引导行为。在同样的行为活动中，个体的情绪情感高涨与否会影响其活动的积极性。在高涨的情绪情感的影响下，个体会全力以赴，努力奋进，克服困难，力达目标；在低落的情绪情感的影响下，个体则缺乏拼劲，稍遇困难便畏缩不前、半途而废。有心理学家认为，情绪情感本身可归入动机范畴，这一观点虽尚未完全定论，但情绪情感对人行为的动力作用在实践和理论上都获得了共识。情绪的表达能够直接反映个体内在动机的强度与方向，因此，情绪情感也被视为动机潜力分析的指标，即对动机的认识可以通过对情绪情感的辨别与分析来实现。动机潜力是在具有挑战性的环境下所表现出的行为变化能力。例如，当个体面对一个危险的情境时，动机潜力会发生作用，促使个体做出应激的行为。对这个动机潜力的分析，可以由对情绪情感的分析获得。当面对应激事件时，个体的情绪情感会发生生理、体验以及行为三方面的变化，这些变化会告诉个体在应激场合动机潜力的方向和强度。当面临危险时，有的人头脑清晰、沉着冷静地离开；而有的人则惊慌失措、浑身发抖，不能有效地逃离现场。这些情绪情感指标可以反映出人们动机潜力的个体差异。

（二）调控功能

情感的调控功能是指，情感对一个人的认知操作活动具有组织或瓦解的效能。情感对认知操作活动的积极与消极作用，首先反映在情绪的极性上。快乐、兴奋、喜悦之类的情绪有助于促进认知操作活动，而恐惧、愤怒、悲哀之类的情绪会抑制或干扰认知操作活动。其次，情绪的强度对认知操作活动也有影响。心理学家发现，当情绪唤醒水平较低时，有机体得不到足够的情绪激励能量，智能操作效率不高；当情绪唤醒水平较高时，也会干扰操作；只有情绪唤醒水平呈最佳状态时，智能操作活动的效率最高。一般情况下，中等程度的情绪唤醒水平最有利于认知操作活动。

（三）信号功能

情绪情感的信号功能是指，个体能以体验的方式表达出自己对周围事物的认识和态度，并对他人施加影响。情感可以通过表情外显，因此，具有传递信息的效能，并且表情比语言更具生动性、表现力、神秘性、敏感性。通过表情，可以准确而微妙地表达自己的思想感情，也可以辨认对方的态度及内心世界。表情被视为人际关系的纽带，属于非言语性交际。心理学家研究了英语使用者的交往现象后发现，在日常生活中 55% 的信息是靠非言语表情传递的，38% 的信息是靠言语表情传递的，只有 7% 的信息才是靠言语传递的。情感在传递信息方面的作用包括加强语言的表达力、提高语言的生动性、替代语言、超越语言等。

（四）保健功能

情绪具有明显的生理反应，所有的心理活动又都是在一定情绪的基础上进行的，因此，情绪被视为身心联系的桥梁和纽带。而人对社会的适应是通过调节情绪来进行的，所以情绪调控的好坏会直接影响到人的身心健康。有许多心因性疾病与人的情绪失调有关，如消化道溃疡、偏头痛、高血压、哮喘等。有些人患癌症也与长期心情压抑有关。积极而正常的情绪体验是保持心理平衡与身体健康的条件。正性的情绪如乐观、开朗等有利于身心健康，负性的情绪如抑郁、苦闷、焦虑、悲伤等严重时会引起身心障碍。

（五）感染功能

情绪情感的感染功能是指，个体的情绪情感可以感染别人，使别人产生强烈的内心体验，形成与之相应的情感。情感能通过表情外显，就可为他人所察觉，并引起他人相应的情绪反应，即一个人的情感具有对他人情感施加影响的功能。同样，他人的情感也能反过来影响自己的情感。人们常说的情感共鸣，就是情感的感染功能。情感的这一功能为情感在人际的交流、蔓延提供了可能性，使个体的情绪社会化，同时也为情感在影响、改变他人的情感方面开辟了一条途径。

（六）迁移功能

一个人对他人的情感会迁移到与他人有关的对象上去，这就是情感的迁移功能。"爱屋及乌"便生动地概括了这一情感现象。

第二节　情绪与情感的分类

一、情绪的种类

情绪的四种基本形式是快乐、悲哀、愤怒和恐惧；情绪的四种基本状态是激情、心境、应激和挫折。

（一）情绪形式的分类

一个人的情绪有如万花筒，丰富多彩。人类的情绪究竟有多少种，恐怕很难说得清楚。所以，时至今日，心理学界对其形式的划分还没有形成统一的看法。

在中国古代，最为我们熟知的是"七情说"，最早出自《礼记》。它把人的情绪分为七大类，分别是喜、怒、哀、惧、爱、恶、欲。此外，还有情绪的"四情说""五情说"和"九情说"等。

现代心理学家常把快乐、悲哀（痛苦和悲伤）、愤怒、恐惧列为情绪的四种基本形式，称为基本情绪（basic emotion）或原始情绪。

在这四种基本情绪的基础上，可以演变出许许多多更为复杂的情绪形式。由两种或多种情绪交织在一起所构成的情绪称为复合情绪。例如，恐惧、痛苦、愤怒等交织在一起就是焦虑；愤怒、厌恶、轻蔑的复合就是敌意等。复合情绪有上百种之多，而其中大多数是很难命名的。

（二）情绪状态的分类

根据发生的强度、紧张度和持续时间的长短，可以把情绪分为四种基本状态：激情、心境、应激和挫折。

1. 激情

激情（intense emotion）是一种强烈的、爆发性的、短暂的情绪状态。如暴怒、狂喜、极度的恐惧、极度的绝望等都属于这种情绪体验。又如中国古代的"四喜"，即久旱逢甘露、他乡遇故知、洞房花烛夜、金榜题名时，也都属于这种情绪体验。

激情常常是由对个体具有重大意义的强烈刺激、突如其来的意外事件，或激烈对立的意向冲突所引起的，它往往伴随着明显的外部表现。如恐惧时，目瞪口呆、面如土色；绝望时，心灰意冷、头脑昏迷；暴怒时，暴跳如雷、拍案大叫；狂喜时，手舞足蹈、捧腹大笑；等等。

激动性和短时性是激情的显著特点。处于激情状态下，人的认识活动的范围往往会缩小，人被引起激情体验的认识对象所局限，理智分析能力受到抑制，控制自己的能力减弱，往往不能约束自己的行为，不能正确地评价自己行动的意义及后果，常表现为惊慌失措或盲目行动，如打人、摔东西乃至严重的破坏性行为等。因此，在不良的激情爆发前，我们应当有意识地控制自己，或者转移注意力以冲淡不良的激情。

但并非所有的激情都是消极的，也有一些激情是积极的。它能激发人的上进心，调动人的潜能，使人积极地投入到活动中去。对于这种积极的激情，则不必去抑制。

2. 心境

心境（mood）是一种比较微弱、平静而持久的情绪状态，又称心情。心境持续时间长，影响范围广。当一个人处在某一种心境时，往往以同样的情绪状态看待一切事物。例如，一个人处在愉快的心境之中时，往往无论看见什么都高兴；一个人处于忧伤之中时，常常觉得一切都不顺心。

心境产生的原因是多方面的。个人生活中的重大事件、学习和工作的顺利与否、人际关系的亲疏、健康状况的好坏、自然环境的变化等，都可能成为引起某种心境的原因。如学生心境的变化和一周的作息时间表有关：最低点为周一或周二；最高点为周五或周六。

心境在人的现实生活中具有重要的意义。积极的、良好的心境能使人精神振奋，乐观地对待工作和生活，勇于克服困难和挫折；消极的、不良的心境使人精神不振、意志消沉。因此，我们应当使自己经常保持良好的心境。

3. 应激

应激（stress）是人对某种意外的、紧张的环境刺激所做出的适应性反应。在突如其来或十分危险的条件下，在几乎没有选择余地而必须迅速地采取决定的时刻，容易出现应激状态。例如，司机在驾驶过程中遇到危险的时刻，人们在遇到巨大自然灾害的时刻，都需要人们利用过去的经验，集中意志力，果断、迅速地判断情况，在一瞬间作出决定。

在应激状态下，人的整个机体处于激活水平，心率、血压、肌肉紧张度等发生显著变化，体内多种激素分泌增加，情绪进入高度应激化。但人们在应激状态下的表现是不同的。有的人在紧急情况面前，从容自若，急中生智，能做出平时做不出的勇敢行动，及时摆脱困境，甚至还有些人会出现一些超乎寻常的神奇表现。但也有些人在紧急情况面前，惊慌失措，手忙脚乱，甚至不堪一击，当场晕倒。

人们的应激反应主要和心理储备有关。心理储备充足与否，直接影响人们在关键时刻的态度和行为。心理储备主要表现在以下几个方面。

（1）知识面大小。一个博学多才，掌握多方面知识、技能的人在紧急情况下能及时动员自己的智力储备资源来应付紧张局面。

（2）生活经验的积累。生活中常会发生各种应激事件，如果我们善于从中吸取经验，那么遇到类似情况就不会惊慌失措。

（3）个性心理特征和意志品质。性格坚强、意志顽强的人，心理承受能力也比较强，他们在应激时刻往往表现得从容镇静、机智勇敢。

（4）思维的灵活性和行动的准确性。应激事件发生时，时间紧迫，情况危急，只有高度灵活的思维和准确的行动才能使人随机应变，顺利渡过难关。

但是，如果人在相当长的时期内都处于应激状态的话，会对人产生不利的影响，有时甚至是很危险的。加拿大生理学家塞里（Selye）认为应激反应可分为三个阶段，即惊觉、阻抗和衰竭。他认为应激状态的延续能够击溃一个人的生物化学保护机制，使人抵抗力降低以致被疾病侵袭。例如：有研究表明，美国黑人比美国白人有更高的心脏病患病率。这是偏见所带来的持续应激的结果：低地位的工作、有限的教育、找工作的徒劳及较低的社会经济地位。

4. 挫折

挫折（frustration）是指个体的意志行为受到无法克服的干扰或阻碍，预定目标不能实现时所产生的一种紧张状态和情绪反应。它可分为以下几种。

（1）需求挫折，即不能满足需要时引起；

（2）行动挫折，行动不能实现时引起；

（3）目标挫折，达不到既定目标时引起；

（4）损失挫折，失去个人所有时引起。

引起挫折的原因可以分为客观因素和主观因素两个方面。

凡是自然界和社会带来的干扰，属于客观因素，如噪声干扰使人们无法静心学习和思考，因家庭经济困难而不得不辍学，等等。

凡是由于个人原因所造成的干扰，属于主观因素，如因知识不够而高考失败，因是色盲而当画家的梦想破灭，等等。

在现实生活中，挫折是不可避免的，只要正确地对待并进行实事求是的分析，就会使个体的认识系统产生创造性的变化，从而提高解决各种问题的能力。但人们遇到的挫折不能太大，否则会使人心理上极为痛苦、情绪消沉低落、行为发生偏差，甚至导致各种疾病的出现。挫折后的表现形式如表 5-2-1 所示。

表 5-2-1　挫折后的表现形式

挫折后的表现形式	具体形式
挫折后积极的表现形式	升华、补偿、改变策略
挫折后消极的表现形式	攻击行为、固执行为、退化行为、幻想、逆反
挫折后妥协的表现形式	自我安慰、自我整饰、责任推脱

二、情感的种类

人类的个人情感主要包括亲情、友情和爱情。人类的社会情感主要包括道德感、美感和理智感。这里简单介绍一下人类的社会情感。

（一）道德感

道德感（moral feeling）是根据一定的道德标准在评价人的思想、意图和行为时所产生的主观体验。每个人都以自己具有的社会道德准则去感知、分析、评价自己及别人的道德行为，并形成一定的道德认识和道德观念。

道德感受社会历史条件的制约。不同的历史时期、不同的社会制度、不同的文化背景，由于社会道德标准不同，人们对相同事物所产生的道德感也有所不同。即使在同一社会制度下，由于个体所处的阶级地位不同，也会形成不同的道德需要和道德标准，从而产生不同的道德感。

道德感对个体的道德行为具有巨大的监督、调节和推动作用。它可以激发并维持自己的道德行为，也可以使人按照道德规范去评价和影响他人的道德行为。当然，个体的道德感不是一成不变的，随着认识的深化，个体不断形成新的道德行为标准，出现新的道德观念，从而产生更深刻的道德感。

（二）美感

美感（aesthetic feeling）是根据一定的审美标准评价事物时所产生的情感体验。美感常在欣赏艺术作品、社会上的和谐现象和自然景物时产生。如观赏百花盛开、生机盎然的春天景色，领略山清水秀的自然风光，阅读文学作品，欣赏绘画雕刻，聆听美妙的音乐等，都可以使人体验到美的感受。

客观和主观的诸多因素都能影响美感的产生。

1. 客观因素

事物本身所具有的美的外表可以引起人们共同的美感，如美丽的花、秀丽的风景、优美的音乐等。

2. 主观因素

美感的产生受到个体不同审美需要的制约。现实生活中我们常可发现，对同一对象，不同的人可能产生不同的美感。在观察客观事物时，人们总是以自身所建立的美的标准去审视和评价观察的对象。如果客观事物的美的特质符合主体主观映象中的美的标准，满足了主体的审美需要，那么就会产生美感；反之，就不会产生美感。"情人眼里出西施"，就说明美感的产生不仅取决于事物本身，也取决于事物和主体之间的关系。

必要的知识经验和一定的鉴赏技能也是美感形成的必要条件。一个人如果缺乏对美的鉴赏力和相应的知识，即使再美的事物也难以感受其美的存在。

在社会活动中，美感和道德感是相互联系的。只有符合人们的道德需要和道德观念、能产生积极道德感的事物，才能引起人们内心的美感体验。

美感和道德感一样，也受社会生活条件的制约。不同社会历史时期、不同的社会制度、不同的文化背景，美的标准不同，人们对美的感受和体验也不同。

美感在人们的社会生活中具有重要的意义。丰富而健康的美感，能使人充分而深刻地去感受生活中一切美好的事物，从而使人情绪乐观、生活充实而富有情趣。教育工作者应重视青少年学生美感的培养和发展。

（三）理智感

理智感（rational feeling）是在智力活动过程中，在认识和评价事物时所产生的情感体验。如求知感、怀疑感、确信感、成就感等都是理智感的具体表现。理智感和人的好奇心、求知欲、探索真理等社会性需要相联系。

强烈而健康的理智感是人们顺利完成学习和工作的重要条件。在理智感的推动下，人们敢于怀疑，勇于探索，不懈地追求着真理。

第三节　情绪的调节

情绪、情感与人们的生活息息相关，良好的情绪能提高工作效率，维持良好的人际关系。生活中不如意事十之八九，人们经常会感受到各种困扰、压力，进而产生不良情绪。不良情绪的积累不仅影响工作及学习效率、人际关系，严重的还会危害身体健康。不仅是不良情绪，情绪的剧烈变化都会引起身体的改变。

一、健康情绪的标志

（一）能正确反映一定环境和情景的刺激

健康的人体验到的情绪是与所处的环境相一致的。例如，需求得到满足会体验到快乐，受到挫折会体验到痛苦，这都是正常的情绪体验。情绪不健康的人常常产生与刺激不相符的情绪体验。例如，无论遇到令人振奋的事情还是令人难过的事情，都表现得很麻木，不能体验到愉快或痛苦，甚至会产生相反的情绪，这都是不健康情绪的标志。

（二）情绪反应的强度与引起情绪的刺激强度相适应

情绪是外界事物是否符合个体的需要而产生的主观体验，情绪健康的人所产生的主观体验的强度是与外界刺激的强度相一致的。例如，在一次演讲比赛中没有发挥好而失利，个体可能会觉得沮丧、不甘心，这是正常的情绪体验；而如果表现出强烈的挫败感，甚至一蹶不振，就是不健康的情绪表现。

（三）情绪反应的时间随引起情绪的客观情境的转移而变化

当引起情绪体验的情境发生改变时，情绪健康的人的情绪也会逐渐改变。例如，听到一个笑话，个体哈哈大笑之后会慢慢平静下来。有时某件事情对于个体意义重大，引起情绪体验的时间会长一点。例如，在一次重要的考试中取得了好成绩，个体会高兴好几天。但是随着事情渐渐远去，情绪体验会逐渐变弱。如果个体久久地陷入某种情绪中不能自拔，不管事情过去多久仍然像当初一样情绪体验强烈，就是不健康的情绪表现。

（四）情绪反应的特点应与年龄特征相符合

不同年龄的人的情绪特点不同，情绪健康的人其情绪表现应该符合本年龄段的情绪发展特点。例如，幼儿的情绪变化就像七月的天，说变就变，这是这个年龄阶段的特点。只要符合本年龄阶段的特点，就是正常的情绪反应。如果一个成年人的情绪变化无常，那么就不符合成年人的情绪特点，是不健康的情绪。

二、不良情绪的来源

当个体处在应激、挫折等不良事件中时会引起情绪的变化，一些个体会产生恐惧、焦虑等不良情绪。

（一）生活改变

生活环境的改变易产生压力，进而出现焦虑、恐惧的情绪。例如，儿童刚开始上幼儿园，离开了熟悉的家庭环境、离开了父母，来到陌生的环境，会哭闹、不适应，甚至有些儿童晚上还会做噩梦突然惊醒，家长会发现儿童的情绪不如以前好，这是由于生活环境的改变引起的。又如，个体在进入陌生的环境之前会觉得担心，也是对环境改变而产生的正常情绪反应。

（二）生活琐事

生活琐事是指生活中发生的各种琐碎事，例如，丢了50块钱、与同学发生了一些矛盾、受到老师的批评、期末考试成绩不理想、同时接受好几个任务等。一天之中或者一段时间中这些事情发生得多了，个体会觉得烦躁、郁闷。同时，这些事情因为琐碎，往往感觉不值得倾诉。但是，这些琐碎的负性事件依然会对个体情绪产生影响。每一件负性事件看似不会使个体的情绪剧烈变化，负性情绪一旦积累起来，超出个体的心理承受能力，就会导致情绪崩溃，这就是压倒骆驼的最后一根稻草。

（三）心理挫折

挫折是需要没有得到满足或者愿望没有实现而产生的消极情绪状态，个体在日常生活中遇到挫折是无法避免的。有些挫折是微小的、暂时性的，积累起来会对个体产生消极影响；有些挫折是重大的，会引起强烈的情绪反应，形成长期的心理压力，甚至会摧毁一个人的精神支柱，爆发所谓的"人生危机"。

（四）心理冲突

冲突是个体在面临选择时所体验到的消极情绪。在冲突面前，个体需要做出抉择。如果冲突得不到解决，个体的行为就会受阻，进而产生挫折感；如果冲突解决得不好，没有选择正确的目标，又会加深个体的矛盾、焦虑情绪。

三、不良情绪与健康

由于情绪状态伴随着机体生理功能的改变，因此，剧烈持久的情绪活动必然引起生理功能的紊乱，导致各种心身疾病。

现代医学研究发现，人类疾病中由心理因素、身心失调引起的疾病占 50% 至 80%。紧张、悲哀、抑郁等不良情绪会激活体内的有害物质，击溃有机体的保护机制，破坏人体的免疫功能，导致生病。

以学生为研究对象进行一系列关于焦虑对生理功能影响的实验，结果表明焦虑会导致生理功能的紊乱。将那些为准备考试而学习到深夜的学生（被称为"焦虑组"）与那些不参加考试的学生（被称为"非焦虑组"）进行比较，发现"焦虑组"比"非焦虑组"有更多的盐酸分泌。又有心理学家用猴子进行了一系列实验，把两只猴子绑在并排的两把椅子上，其中的一只猴子被称为"执行猴"，训练它按动杠杆使它和另一只猴子避开电击。重点在于，"执行猴"要学会掌握前后按动杠杆的时间间隔。如果时间间隔小于 20 分钟，两只猴子就免于一次电击；如果时间间隔大于 20 分钟，两只猴子均会同时受到电击。两只猴子受到电击的次数是一样的，但不同的是，另一只猴子将自己的命运完全交给了"执行猴"，"执行猴"要时刻保持警惕。实验结束后，"执行猴"得了溃疡，而"非执行猴"则没有。因为"执行猴"处在长期焦虑的状态下，要时刻警惕时间间隔，焦虑导致副交感神经活动占优势，引起胃酸分泌过多。

外界压力、挫折等不良事件会引起焦虑等不良情绪，进而引起生理功能的紊乱，导致心身疾病。但并不是每一个经受不良事件的个体都会产生心身疾病，这里主要有两个因素，即有机体生理系统的特点和情绪的调节。

在相同的生活环境下，有些个体易患心身疾病，被称为"易感人群"。通过对即将参加军训的 2073 名士兵进行多项检查、测验，然后把胃酸水平最高、心理素质不稳定的 120 名士兵（A 组）与胃酸水平最低、心理素质稳定的 120 名士兵（B 组）进行对照观察。军训三个月后，分别对他们进行钡餐 X 射线检查，结果发现 A 组有 9 人得了溃疡病，而 B 组无一人。实验说明，生理因素和心理因素在导致心身疾病的过程中都不可忽视。生理因素受到先天的遗传、环境等影响，而心理因素则主要指个体的个性、情绪调节的能力。

四、情绪的调节

情绪调节是个体在面对生活事件时，通过一定的策略和机制，管理和改变自己或他人情绪的过程。情绪调节的目的是使个体的生理活动、主观情绪体验和表情行为发生改变，其中包括削弱或去除正在进行的情绪、激活需要的情绪、掩盖或伪装一种情绪等。情绪调节既包括对强烈情绪的抑制、削弱和掩盖过程，也包括对健康情绪的维持以及增强的过程。

（一）认知调控

没有无缘无故的爱，也没有无缘无故的恨。情绪的产生是由一定的事件引起的，将引起情绪的事件称为"情绪事件"。认知是对事件进行评估的第一步，产生何种认知就会产生何种情绪。这里主要介绍"情绪 ABC 理论"。

"情绪 ABC 理论"是由美国心理学阿尔伯特·艾利斯（Albert Ellis）于 20 世纪 50 年代首创的一种情绪调节法。其基本观点是，人的情绪不是由某一诱发性事件的本身所引起，而是由经历了这一事件的人对这一事件的解释和评价所引起的。

在"情绪 ABC 理论"模式中，A 是指诱发事件（Activating events）；B 是指个体在遇到诱发事件之后相应而生的信念（Beliefs），即他对这一事件的看法、解释和评价；C 是指特定情境下个体的情绪及行为的结果（Consequence）。通常人们会认为，人的情绪和行为反应是直接由诱发事件 A 引起的，即 A 引起 C。"情绪 ABC 理论"则指出，诱发事件 A 只是引起情绪及行为反应的间接原因，而人们对诱发事件所持的信念、看法、解释 B 才是引起人们的情绪及行为反应得更直接的原因。也就是说，由于所持的信念不同，同样的一件事情发生在不同的两个人身上会导致截然不同的两种情绪反应。

这个理论主要阐述了情绪产生的过程。针对情绪的调节方法，该理论仍然具有相当的意义。

首先是 A，这里主要指诱发人们不良情绪的外在事件。因此，个体可以通过两种方式来调节情绪：一是对事件的发生有一定的预知，即要做好心理准备，这样可以防止事件的到来过于突然而难以承受；二是主动避开引起不良情绪的环境，纵然情绪的直接引发事件已经消失，可是原先环境中的其他种种都有可能已经和先前的不愉快形成了一定的连接，容易"触景伤情"。

其次是 B，对事件的评价和认知，这也是情绪调节中最为关键的一个环节。面对同样的遭遇，不同的人会有悲观和乐观之分，这是因为人们理解的角度和层面不同。在面对各种刺激的时候，应该进行多番思考，对事物尽量从全局上来认识和把握，因为任何事物都是有两面性甚至多面性的，要避免让自己的思想进入一条死胡同，进而越陷越深。当然，个人的认知风格与所受的教育、社会生活经验以及一定的基因水平都存在关联。

最后是 C，有刺激，就一定会引起某种反应，不管它是外显还是内隐的。平日里诸如心情郁闷、痛哭流涕等，其实都是由某些事件带来的情绪反应。要想改善不良情绪，可以从自己的行为反应有效性上进行思考。也就是说，自己现在的一系列作为或者长期使自己陷入一种消极的情绪状态，是否能对事情有所改善、有所帮助。对情绪进行一些合理的发泄是很有必要的，但长期的消沉一般来说于事无补。如果能够真正认清这一点，很多人都会选择做一些具有积极意义的努力。

根据"情绪 ABC 理论"，并不是事件导致情绪，而是个体对事件的认知导致情绪。如果个体对事件产生错误的、不合理的认知，就会导致不合理的情绪。心理学家总结了如下十大非理性观念。

（1）每个人都应该获得周围人的喜爱和赞许。

（2）有价值的人应该是一个各方面都出色的人。

（3）世界上有些人可恶至极，对他们应严惩不贷。

（4）如果事与愿违，那将是极为可怕的。

（5）不愉快和痛苦的事件是可怕并无法改变的。

（6）面对困难和挫折只有逃避。

（7）对危险可怕的事情应随时加以警惕。

（8）人必须要依赖他人，尤其是比自己强的人。

（9）一个人过去的经历对他现在造成的影响是不可改变的。

（10）对人生中的每一个问题，都应有一个唯一正确的答案。

这十大非理性观念总结起来有三个特征，即绝对化、以偏概全和糟糕至极。拥有非理性观念的人常错误地理解发生的事情而导致不合理的情绪，因此，要将非理性观念改变为理性观念。举例如下。

（1）我无法接受被人轻视——我希望被别人喜欢。

（2）我必须要考个好成绩——我希望能考个好成绩。

（3）我应该比别人做得好——我力争比别人做得好。

（4）我的英语彻底失败了——我这次英语考试失利。

（5）失恋让我无法忍受——失恋让我感到痛苦。

（6）大家总是对我有成见——有几个人对我有成见。

（二）合理宣泄

当个体产生不良情绪时，可以通过合理的宣泄调节情绪，防止不良情绪的累积。宣泄的途径有倾诉、哭泣、剧烈地活动等。倾诉是将产生不良情绪的原因向某一对象诉说，如告知父母、好友或者写日记等。倾诉时，一定要选择合适的、可靠的对象，倾听者应该帮助倾诉者保守秘密，不要随意将倾诉内容告诉他人，否则可能会为倾诉者带来更多的烦恼。哭泣也是一种很好的宣泄方式。心理学家研究表明，人在一般情况下如因沙子迷了眼睛而流泪时，眼泪是咸的；而因伤心痛苦流泪时，眼泪是苦的。哭泣可以帮助个体带走体内的负能量。剧烈的体育运动也是一种宣泄的方式。人在郁闷时打一场酣畅淋漓的球，或者在跑步机上挥汗如雨，都可以起到宣泄负能量的作用。

（三）心理放松调节

在放松状态下，人的血压、心律下降，皮电阻增加，唤醒水平降低。放松所导致的心理及生理变化，能够阻断和抑制紧张、焦虑等应激情绪，有利于身体健康，并能起到一定的治疗作用。

1. 深呼吸放松法

采用鼻子呼吸，腹部吸气，双肩自然下垂，慢慢闭上双眼，然后慢地深深地吸气，吸到足够多时，憋气两秒钟，再把吸进去的气缓缓地呼出。自己要配合呼吸的节奏给予一些暗示和指导语"吸……呼……吸……呼……呼……"，呼气的时候尽量告诉自己"我现在很放松很舒服"，注意感觉自己的呼气、吸气，体会"深深地吸进来，慢慢地呼出去"的感觉。重复做这样的呼吸 20 遍，每天两次。

这种方法虽然很简单，却能起到一定的作用。如果遇到紧张的场合，或是不知道自己该怎么办、手足无措之时，不妨先做一次深呼吸放松。

2. 想象放松法

想象放松法是通过想象某一种让人身心得以放松的情境，使人如身临其境，进而身心得以放松。例如，"我躺在海滩上，阳光很温暖，能听到海浪的声音，感到很闲适。微风吹来，使我有种说不出的舒畅感觉，微风带走我的思绪，只剩下一片金黄的阳光。海浪不停地拍打海岸，思绪随着海浪的节奏涌上来又退下去，只有蓝色的天空和大海环绕我。阳光洒满全身，感到暖洋洋的，阳光照在我的头上，感到温暖与沉重。轻松暖流，流进右肩，感到温暖与沉重。呼吸变慢、变深。轻松暖流，流进右手，感到温暖与沉重。呼吸变慢、变深。轻松暖流，流回右臂，感到温暖与沉重，又流进后背，感到温暖与沉重，从后背转到脖子，感到温暖与沉重。呼吸变慢、变深。轻松暖流，流进左肩，感到温暖与沉重。呼吸变慢、变深。轻松暖流，流进左手，感到温暖与沉重。呼吸变慢、变深。轻松暖流，又流回左臂，感到温暖与沉重。呼吸变慢，变得越轻松。心跳也变慢，变得越有力。轻松暖流，流进右腿，感到温暖与沉重。呼吸变慢、变深。轻松暖流，流进右脚，感到温暖与沉重。呼吸变慢、变深。轻松暖流，又流回右腿，感到温暖与沉重。呼吸变慢，越来越深，越来越轻松。轻松暖流，流进腹部，感到温暖与轻松，流到胃部，感到温暖与轻松，最后流到心脏，感到温暖与轻松。整个身体变得平静，心里安静极了，已经感觉不到周围的一切，周围好像没有任何东西，我安然躺在大自然中，非常自在……"

这其实是利用了类似催眠的心理暗示的方法，使人随着语言的暗示而进入情境的想象中，使身心得以放松。

3. 渐进肌肉放松训练

渐进肌肉放松训练是一种逐渐的、有序的、使肌肉先紧张后放松的训练方法，在对每一块肌肉进行从紧张到松弛的训练后，体验获得的放松感。具体做法是：找一个安静的场所，先使肌肉紧张，保持 5 至 7 秒，注意肌肉紧张时所产生的感觉；接着很快地使紧张的肌肉彻底放松，并细心体察放松时肌肉有什么感觉；每部分肌肉一张一弛做两遍，然后对那些感到未彻底放松的肌肉，依照上述方法再进行训练，当使一部分肌肉进行一张一弛的训练时，尽量使其他肌肉保持放松。按照下列部位的顺序进行放松，优势的手、前臂和肱二头肌，非优势的手、前臂和肱二头肌，前额，眼，颈和咽喉部（双臂向前，双臂向后，耸肩），肩背部，胸，腹，臀部，大腿，小腿（脚尖向上，脚尖向下），脚（内收外展）。渐进式放松训练因为肌肉一张一弛，有对比感，学习和掌握起来比较容易，但耗时较长，之后的放松训练可在做法上有所变通，往往与自主训练结合进行。渐进式放松训练可以消除人的身体和心理方面的紧张状态，提高健康水平，还可作为治疗心理疾患的辅助手段。

第四节　情绪与情感在教学中的运用

教育教学过程不仅是认识过程，也是一种情绪、情感交流的过程。情绪、情感既是教育的目标之一，同时又是影响个体生活、工作、学习的重要因素。在学校教育中，无论教师还是学生，若能遵循情绪情感的规律、调节控制自己的情绪、培养良好的情感，将有助于提高教育教学质量，实现多维教育目标。

一、情绪情感规律在教学中的应用

（一）教学中要重视情感目标的确立与实施

通过教学，学生不仅要掌握知识、形成技能、学会学习，还要具有某种态度、情绪情感和价值观。这些方面也是相互影响的，其中，情绪情感的形成离不开知识、技能的掌握，已经形成的情绪情感又会影响知识、技能的掌握。受升学率的影响，教师的教学过程往往只注重学生认知系统的活动，重视认知领域的目标，而忽略了教学中情绪情感的调动和陶冶。近几年已有所改进，一些社会问题的出现更让人们认识到了个体情绪情感的重要性，也认识到了学校教育培养情绪情感的重要性。

因此，让学生具有良好的情绪情感，不仅是掌握知识、技能的需要，也是社会对个体发展要求的需要。教师在进行教学时不仅要重视认知目标的确立与实施，也要重视情感目标的确立与实施。

情感目标的确立与实施是一个复杂的问题，有待进一步的探讨，并成为教师职后培训的内容之一。卢家楣等人认为，以下几个方面应包含在情感目标体系之中。

（1）让学生处于愉悦、兴奋、饱满、振奋的情绪状态之中，为认知活动也为情感的陶冶创设良好的情绪背景。

（2）让学生在接受认知信息的同时获得各种积极情感和高尚情操的陶冶。

（3）让学生对学习活动本身产生积极的情感体验，形成良好的学习心向和好学、乐学的人格特征。

（二）课堂上教师要保持积极的情绪，并注意控制学生的课堂情绪

人的情绪情感既具有感染的功能，也具有动力作用。根据这一规律，教师要提高教学效率，可通过让学生产生积极的情绪情感促进知识技能的掌握。教师的情绪和学生的情绪会相互影响，但总的来说，教师是课堂教学的主导者，教师的情绪对于学生能否积极愉快地进行学习至关重要。教师以良好的心态、饱满的热情、稳定而积极的情绪站在讲台上，讲述准确、表情丰富，会使学生形成积极的心态，乐于接受教师的教诲。如果教师态度冷漠、表情呆板，一味干巴巴地讲授，学生很容易产生厌烦情绪，从而影响教学效果。如果教师情绪不好，很容易因为课堂上学生出现一个小小的不良刺激而产生过激的言语和行为，在这种情况下，学生会始终处于一种担惊受怕的境地，引起消极甚至对抗的情绪和行为。

在课堂上，教师还要善于调控学生的课堂情绪，使学生在良好的情绪状态中学习。上课前不要宣布重大的事情，也不要批评学生，以免学生产生消极的情绪；在课堂上鼓励学生积极参与教学活动，及时强化学生好的学习行为，让学生产生成功的体验等。根据情绪强度与学习效率的关系，教师要根据学科任务的特点及学生的心理特点，调控学生的情绪达到最佳的状态。

总之，教师应加强自身修养，在课堂教学中一定要重视调控自己的情绪，用积极的情绪感染学生，使学生产生最佳的情绪状态，提高学习的效率。

（三）增强教学的吸引力，激发学生的理智感

在高级的社会情感中，理智感与学生的学习活动有着密切的联系。学生在学习活动中的理智感主要表现为对所学内容的兴趣、好奇心、求知欲、成功感、怀疑与惊讶感等。理智感产生于学生的学习活动中，同时又是推动学生学习、追求知识的强大动力。教师要在教学中增强教学的吸引力，激发学生的好奇心、求知欲，让学生产生成功的体验，从而产生学习的积极性。具体做法有以下几个方面。

1.精心选择与组织教学内容

对于学生来说，在教学活动中真正能引起他们积极的情绪体验的，首先莫过于教学内容本身所具有的内在魅力。虽然教学内容的选择有一定的要求，但任课教师仍有一定的灵活性、主动性和创造性。因此，教师可以根据学生的实际情况、学科发展的现状和社会政治文化生活的变化，对教学内容做适当调整与组织，增强教学内容的新颖性，引起学生的学习兴趣。例如，教师可以将某些看来相当枯燥的教学内容与生动的事例、有趣的知识联系起来，使学生对教学内容产生明显的趣味感；将某些看来似乎简单易懂的教学内容与学生未曾用考过的问题、未曾接触过的领域联系起来，使学生对教学内容产生新奇感，从而激起学生学习的热情。

2. 择优采用教学方式

学生积极的情绪体验与教师的教学方式有很大的关系。一般而言，教师形象生动的讲授、图画、录像、实验演示等教学方式的有效配合，多种教学方式的适当转换，都有助于激发学生的积极情绪。例如，教学课开始时，教师可以通过创设问题情境，激发学生的好奇心和求知欲。一位数学教师在讲相似三角形时说："学了这一课，不上树可以测得树高，不过河可以测得河宽。"一位语文教师在讲《祥林嫂》前，向学生提出这样一个问题："故事中主人公的命运很悲惨，为什么作者用了一个吉祥的题目呢？"言语不多，却像磁石一样吸引了学生。当然，教学中教师不能用固定的教学方式套内容，要根据不同的教学材料和教学对象的不同特点选择最佳教学方式，以满足学生在特定教学情景中的需要，产生相应的积极情绪体验。

（四）创设良好的教学环境

教学环境既是课堂教学赖以进行的基本保障，又是影响学生情绪情感的重要因素。优美的物质环境、良好的师生关系，都有助于学生产生积极的情绪情感。在日常工作中，教师只要稍加留意就会发现，教学环境中的一些物理因素会或多或少地对学生的情绪情感和教学活动产生影响，如整齐宁静、清洁优雅、温度适宜、空气清新的教室，会使学生产生愉悦、振奋的情绪情感；而肮脏杂乱、嘈杂喧嚣、环境温度过高、个人活动空间过小的环境则会导致学生情绪低落、心情烦躁。教学环境中的师生关系也会影响着学生的情绪和情感。和谐的师生关系，有利于他们之间情感的交流和沟通，缩短心理的距离，使学生处于良好的接受教育的心理状态。因此，教师要重视并与学生一起创设优美的教学环境，建立融洽的师生关系、爱学生、尊重学生，对学生的表现给予客观公正、实事求是的评价和必要的鼓励，使学生在心理上产生积极的情绪情感体验，调动起学生内在的学习积极性。

二、情绪情感规律在品德教育中的应用

培养学生良好的品德不仅需要提高认识，同时也需要培养情感。情感教育是一个长期的过程，既需要有耐心，也需要遵循情感的规律，才能更有针对性。

（一）重视学生道德感的培养

道德感既是品德的重要组成部分，又是道德认识转化为道德行为的中间环节。道德认识如果不借助道德感，只能停留在口头上。只有道德观念与道德体验联系了起来，使学生对高尚的行为敬慕、尊重，对不良的行为厌恶、痛恨，才会追随效仿或坚决杜绝。所以，在品德教育过程中，要重视学生多种道德感的培养。

进行品德教育时，可结合道德感的三种形式进行。根据直觉道德感的特点，在学校和班集体中形成一种健康向上的气氛和正确的舆论，促使学生形成积极的道德情感。使学生在履行了道德义务后产生荣耀感和自豪感；在违反了行为规范后产生羞愧感和内疚感。根据想象道德感的特点，教育者要充分利用好的文学作品、生动的事例和榜样的事迹去感染学生，激发学生道德情感上的共鸣，或让学生将自己和这些人物进行对照，激发他们对这些英雄人物的肯定和认同，并贯彻到自己的日常行为中。同时，还要教育学生胸怀祖国、心系天下，树立科学的世界观和正确的人生观，使行为规范内化为学生的行为准则，成为人格重要的组成部分，实现伦理的道德感。

（二）重视教师情感的感化作用

没有情感，道德教育就会变成枯燥无味的空话，只能培养出伪君子。品德教育的对象是人，出发点和归宿也是人，它需要教育者对教育对象的感情投入，需要双方彼此产生理解和心灵的沟通。在品德教育过程中，教师自身情感的性质和特点将对学生产生巨大的影响。教育实践证明，师生之间具有良好的情感基础是教育成功的前提。人的情感具有强烈的感染性，师生之间的情感交流是教育力量

的源泉。教师对学生的爱与尊重，会激起学生对教师的信任感、亲切感，从而乐于接受教师的教育。学生取得进步时能得到教师的及时肯定和表扬，遇到困难时能得到教师的关心和帮助，这些都会引起学生愉快、感激等情感体验，这些情感体验可激励学生奋发向上，不断进步。

在教育活动中，除了言语外，教师还可以利用表情来影响学生，利用表情向学生传达积极的信息。当学生表现良好的时候，给他一个微笑或点头，可激励或强化学生好的行为；当学生犯错误时，给他一个手势或眼神，可阻止学生不好的行为并能维护他们的自尊心。即使用语言和学生进行交谈，也要注意说话的语气和方式，好话好说，有时不好的话也要好说。同时，教师也要善于识别学生的表情，从表情解读学生内心的变化，作为对学生进行教育的依据。

三、情绪的调控

良好的情绪，不仅能促进教学效率的提高，而且也是个体心理健康的条件之一。作为教师既要善于调控自己的情绪，也要善于识别学生的情绪，教会学生调控情绪。

（一）教师要掌握良好情绪的标准

教师只有明确了良好情绪的标准，才能正确识别和把握学生的情绪状态。良好的情绪有如下几条标准。

1. 善于准确表达自己的感受

一个学生取得良好成绩时满心欢喜，而做错事情时十分羞愧，这些情绪反应都符合社会的标准，学生本人也会因此而努力要求进步。需要注意的是，教师不但应该鼓励学生表达积极的情绪，同时也应该允许学生适当表达消极情绪。

2. 对引起情绪的刺激做出适度的反应

当教师发现学生对某些事情表现出的情绪过度强烈或过分抑制时，就可以判断这是不正常的。

3. 具备情绪反应的转移能力

如果引起积极情绪的刺激环境消失了，学生还长时间地陶醉在愉快、兴奋的情绪中，这是不适当的。同样的，陷入消极情绪而不能自拔的学生，也会影响他们的学习或活动效率。

4. 情绪反应符合年龄特点

学龄前儿童和学龄初期（小学阶段）的儿童情绪控制能力和情绪稳定性较差，青少年时期虽有一定程度的提高，但还是情绪最易激动的时期。如果一个学生表现出来的情绪特点与他所处的年龄阶段应有的情绪特点不相符合，则需引起教师的注意，并采取相应的教育措施。

（二）教师调控学生情绪应遵循的原则

1. 要矫正使学生产生消极情绪的那些模糊观念

耐心帮助学生分清"自尊心"与"虚荣心"、"自豪"与"高傲"、"羡慕"与"嫉妒"等不同心理品质的是非界限。

2. 不要简单禁止，应善于疏导

要辅导学生以适度的节制和升华来消除情绪纷扰。心理实验和实践经验表明，强行压抑情绪的表露释放会有害身心健康，而极端放纵个人的情绪也是后患无穷。所以，适度节制和升华可以发泄内心的烦恼，减少学生心理上的压力和紧张度。

3. 对学生不要臆测、歧视，不要损伤他们的自尊心和人格

只有"动之以情，晓之以理"，尊重学生的人格，消除其疑惧心理和对立情绪，才有利于克服其消极情绪。

4. 要加强正面教育，利用积极情绪克服消极情绪

学生都有一种积极向上的心理状态，教师要善于发现和把握他们心灵中闪光的东西，要善于点燃他们的自尊心和集体荣誉感的火种，这对于克服他们的自卑心理、虚荣心理、利己主义情感、不友善情感等都有重要的影响。

5. 应辅导学生扩大胸襟

引导学生逐渐养成谦逊的品德，使他们心胸开阔，对人对事应从多方面、多角度去看，学会用理智驾驭和调节自己的情感。这对于纠正其粗暴任性、感情用事的毛病，培养高尚的情操，有着更为重要的意义。

（三）学生积极情绪的培养

1. 教会学生形成适宜的情绪状态

培养学生用词语、理智控制自己情绪发生的强度。例如，有人用座右铭"忍"字来时刻告诫自己不要感情用事，就能防止和缓和激动的情绪。当沮丧的时候，想一想过去愉快的情景，消极的情绪也能得到一些缓解。转移注意可以改变情绪、情感发生的方向。一个人长期进行脑力劳动后，从事一下体力劳动，情绪就能稳定下来。

2. 丰富学生的情绪体验

首先，要提高学生的思想认识和觉悟，不断丰富情感观念，把认识和情感体验结合起来。一方面，教师在讲解道德观念时，要有感情色彩，道理要清楚明白；注意采用颂扬与谴责鲜明对比的语言；要使道德观念与道德判断、道德体验紧密结合起来。另一方面，班集体和社会团体要有良好的集体舆论，要及时表扬与批评，使学生的行为得到及时强化，获得满意与否定的体验。

其次，要充分利用艺术作品与生动的实例进行教育，激发学生情感上的共鸣，以充实情感的内容，不断丰富学生的情感体验。

再次，要使健康的情绪体验不断巩固、不断概括、不断深化，从而形成稳定而深厚的情感体验。例如，培养爱国主义情感就必须在热爱父母、师长、朋友、故乡、学校等感情的基础上，逐渐引导学生摆脱温情主义和狭隘乡土观念的纠缠，真正理解和感受到对人民、对党、对祖国热爱的实质和深刻含义，才会孕育起深厚的爱国主义感情。

最后，学生考试、公开发言都容易引起情绪波动，这是临场经验不足造成的。教师应给学生创造一种过渡的情景，即从不紧张到稍微有些紧张，最后再到很紧张，使学生积累各种情景下的情绪体验，这样就能做到"临场不乱"。

3. 培养学生正确看待问题的能力

由于学生分析问题的能力还不完善，对一个问题往往只从一个角度解释，所以容易遭受挫折。教师应该指导学生从多个角度看待问题，以发现问题的积极意义，从而消除不良心理。小学生往往由于不喜欢某一科的任课教师而发展为不喜欢该门功课，因而成绩下降，甚至辍学，以逃避的态度应付环境刺激。所以教师有责任帮助学生提高认识，形成良好的社会适应能力。

4.教给学生调控情绪的方法

青少年学生由于内外原因的影响，如被人欺侮、自惭形秽、过于自负或神经过敏、孤独思家、受到不合理的限制和谴责、遭受挫折与失败等都可能造成情绪纷扰，影响其身心健康。如不及时教育和辅导，可能养成某种低级的情趣。因此，有针对性地调适情绪纷扰，纠正低级的情趣，才可能培养学生高尚的情操。

学生产生的不良情绪应有适当的出路和合理的表达。教师应指导学生学会自我调控。经常采用的调控方法有理智调控、遗忘调控、转移调控和宣泄调控等。

（1）理智调控。消极情绪有些确实是因为生活中的不利情境所引起的，但有些则是因为人们对事情的真相缺乏了解产生的。例如，高考复习前，有的学生本来在满怀信心地进行复习，可后来听别人渲染考试如何难，于是也跟着认为考试一定非常难，为此焦急万分，惶恐不安，甚至完全丧失信心。有的同学挨了老师的一顿批评，本来感到自己错了，受批评是应该的，如果此时有人在他面前说怎样不公正、不合理，于是听者就会随之激愤起来，火气也越来越大。上述情况产生的焦虑、惊恐、愤怒等不良情绪，实际上都产生于对事物的错误认识。

对此类不良情绪，只要冷静、理智地分析一下，就会发现事情并不像自己所认为的那样，本来就不应该引起这种消极情绪，这样消极情绪就不解自消了。

消极情绪的产生还有一种原因，即消极情绪的排他性引起的思路狭隘，而思路狭隘又加速了消极情绪的增长。消极情绪的理智调控通常有面对现实、分析原因、三思而行、辩证思维4个步骤。

（2）遗忘调控。有的学生在消极情绪产生后，总是郁积于心、耿耿于怀，放不开、丢不下。结果，只能使这种消极情绪不断蔓延且日益加重。因此，当某种事物引起学生的消极情绪时，引导学生把这件事尽快地遗忘掉，不要老去想它，让学生明白，为这些事去悲伤、难过和叹息，已经无助于问题的解决，反而会增加思想负担，应当果断地丢开它、忘掉它。例如，某些场所老是引起学生不愉快的回想，那就设法让他们避开这个场所，以免"触景生情"；再如，眼前存在着一件可以唤起悲伤记忆的物件，必须把这个"纪念品"收藏起来，以免"触目惊心"；等等。总之，暂时离开不愉快的事情，以求得对它的淡漠与遗忘，有助于缓解消极情绪对学生的侵扰，避免由此而造成的身心损伤。

（3）转移调控。能对个体的情绪产生强烈刺激的事情，通常都与个体的切身利益有很大的关系，要很快忘掉常常是很困难的，更为有效的调控方式是积极地转移。现代心理学的研究表明，在发生情绪反应时，人的头脑中往往有一个较强的兴奋灶，此时如果另外建立一个或几个新的兴奋灶，便可以抵消或冲淡原来的优势兴奋灶。因此，当学生情绪激动起来时，为了使它不至于立即爆发，可以有意识地通过转移话题或做点别的事情的方法来分散他们的注意力。这种转移方法，既不至于使怒火郁积心中而危害身体，又不至于因脾气爆发而做出无可挽回的事情。

（4）宣泄调控。情绪宣泄有直接和间接两种方式。直接宣泄即直接针对引发情绪的刺激来表达情绪。直接宣泄于己于人不利时，可用间接宣泄使情绪得到出路。当心中有了不平之事并引起情绪激动时，可以向老师、周围的同学、亲友等倾诉，并接受他们的劝慰和批评、帮助。这样，通过情绪的充分表露和从外界得到反馈信息，可以调整引起消极情绪的认知过程和改变不合理的观念，从而求得心理上的平衡。同样，当与同学闹了矛盾时，要勇敢地与对方开诚布公地交换意见，以解开心结，消除误会。万不得已，可以在亲朋好友面前大哭一场，诉说心中的委屈与痛苦，心理压力也会减轻一些，这是因为痛哭作为一种纯真的情绪爆发，是人的一种保护性反应，是释放体内积聚能量、排出体内毒素、调整机体平衡的一种方式。

情绪应当宣泄，但宣泄的方式必须合理。有的人不分时间、地点、场合，对着引起自己不快的对象大发雷霆，甚至采取违反道德和法律的攻击性行为，这种直接发泄常会引起不良后果。还有的人将消极情绪胡乱发泄，迁怒于人，找替罪羊。这些泄愤方法不但无济于事，而且还会影响团结，妨碍学习、工作和生活，因而都是不可取的。

除此之外，经常采用的情绪调控方法还有升华调控、同情调控、暗示调控、音乐调控、自慰调控等。

第六章　需要与动机

在物质高度文明的今天，随着社会生产力的发展，人们的欲望越来越多，要求越来越高，这一切皆归结于人类的需要、动机，它们是人的个性倾向系统中的动力部分，推动着人们的思想和行为。本章主要叙述需要与动机的相关内容，共分为三节，分别为需要的概述、动机的概述、动机规律在教学中的运用。

第一节　需要的概述

一、什么是需要

（一）需要的概念

需要是人感觉到有某种缺乏而力求满足的一种内心状态，是生理需求和社会需求在人脑中的反映。它表现出有机体的生存与发展对于客观条件具有一定的依赖性。人们要生存、要发展，就必须对自然和社会提出一定的要求，并以此适应社会，取得与环境之间的相互平衡。例如，人们为了生存，需要衣食住行、知识和能力等。所以，需要总是反映有机体对内部环境或外部环境的要求。而且人类的需要总是由客观事物引起的，人类总在追求着某种客观事物，没有客观对象的需要是不存在的。个体通过需要和满足需要的活动，维持着自身的生存和发展。这样，需要被认为是个体的一种内部不平衡状态，或者说是一种倾向，它反映了个体对内部或者外部条件的较为稳定的要求。

需要是个体行为和心理活动的内部动力，这是需要的根本特征。需要是活动的原始动力，是个体活动积极性的源泉。需要一旦被意识到，就形成一种力量，驱使人们去活动，去实现需要。需要越强烈，活动的积极性越高，对活动越有推动力。没有需要，就不会有人的一切活动。而且需要永远具有动力性，它不会因暂时的满足而消失，有些需要是在满足之后，又会产生新的更高层次的需要，新的需要又推动人进行新的活动。有些需要具有周期性和连续性。例如人的生理需要是循环往复以至无穷的，人存在一天，就会有一天的生理需要。人类社会就是在需要的推动下，不断向前发展、进步。只要人的生命存在，需要就不会停止。

需要是人认识过程的内部动力。需要推动着人对有关事物进行观察和思考，并调节和控制着个体认识过程的倾向。当人认识和评价某种事物是否具有意义和价值时，往往是以事物能否满足人的需要为中介的。需要也是产生情绪的一个重要因素。凡是能满足人的需要的事物，人就会产生肯定的态度，体验到积极愉快的情绪。当客观事物不能满足人的需要，就会产生否定的态度，体验到消极的情绪。需要是个性倾向性的基础，要了解一个人的人格，首先要了解这个人的需要倾向性以及需要的各种表现形式，如动机、兴趣、信念和世界观等。需要也推动着人意志的发展。为了满足需要，个体要从事一定活动，克服一定的困难，实现预定目的，从中也锻炼了自己的意志。

需要是个性倾向性的基础。个性倾向性中的其他组成部分，例如动机、理想、信念等都是需要不同的表现形式，需要常常以动机、兴趣、愿望和价值观等形式表现出来，促使人们朝着一定方向前进，追求一定目标，并通过行动求得需要的满足，调节着个性心理特征。

（二）需要的特征

1. 需要的对象性

需要具有一定的对象。这个对象可以是物质的，也可以是精神的；可以是活动本身，也可以是活动结果；可以是追求某种事物或观念，也可以是避开某种活动或观念。需要是个体生存和发展的必要条件。但是个体发展的阶段不同，需要的内容有所不同。儿童需要游戏、友谊；青年需要爱情；中年需要事业成功和子女成才；老年需要延年益寿和儿女的亲情关怀。

人类基本需要的满足有利于身心健康。基本需要的受挫，会导致心理问题。研究表明，生理需要得不到满足时，将会严重影响到个体的身心健康。例如，进食需要得不到满足就会导致注意力下降，性格变得忧郁、淡漠、自卑、神经过敏、暴躁、易怒等。睡眠和觉醒的需要得不到满足，不仅会影响注意力，而且会影响记忆力和情绪，出现记忆力下降，情绪暴躁、易怒等。

2. 社会历史制约性

人和动物的需要有着本质的区别。动物的需要只是满足于维持生存和繁殖后代的生理需要；而人的需要具有社会历史制约性，人在满足生理性需要的方式上也与动物有根本的区别。人在满足自己生理性需要的过程中，还可以通过生产出自己所需要的对象，提高自己需要的质量和水平。例如，在今天，饮食不仅是一种生理性需要，也是一门科学，同时也成为人们交际的一种手段。马克思指出："饥饿总是饥饿，但使用刀叉吃熟食来解除的饥饿不同于用手、指甲和牙齿啃生肉来解除的饥饿。"并且，人满足需要的方式，不是在消极的适应中得到满足，而是在积极主动改造客观世界的社会实践中得到满足。人的各种需要无不受当时社会物质生活条件和科学技术发展水平的制约。人的需要是无止境的，随着社会的发展而发展。但是无论如何，它总受社会法律和道德规范的约束。人应该学会控制自己的需要，不能随心所欲，为所欲为。

二、需要的分类

从不同的角度，可以将需要分为不同的种类。

（一）根据需要的起源

可以把人的需要分为生理性需要和社会性需要。

1. 生理性需要

生理性需要是人脑对生理需求的反映，又称为生物性需要或原发性需要。它是人类最原始的和最基本的需要，是人和动物共同具有的必须满足的需要。它主要是指保存和维持有机体生命和种族延续所需的一些需要，例如，进食需要、饮水需要、睡眠需要和觉醒需要、排泄需要、性需要、安全需要和运动的需要等。生理性需要带有明显的周期性。

性需要是人的基本需要，它与饮食需要、睡眠需要、觉醒的需要有所不同。它虽然不像饮食、睡眠那样对个体的生存起着关键的作用，但它是维持种族延续所必需的。饮食、睡眠等需要能补充有机体内的缺损，是有机体恢复能量的过程；而性需要则是有机体消耗能量的过程。性需要和性行为对于有机体是有益的，但同时也是必须予以控制的。人类性需要除了生理因素外，还受心理因素和社会文化因素的影响。

睡眠的需要是有机体在疲劳后产生的需要。它使个体由活动状态趋向休息状态，这是睡眠的需要与其他需要的不同之处。睡眠的需要是人的基本需要之一。如果剥夺了这个需要，人就会无法忍受，甚至会造成精神疾病。

总之，生理性需要如果得不到满足，就会使人产生焦虑、痛苦的情绪。

2. 社会性需要

社会性需要是社会需求在人脑中的反映。社会性需要是人类社会和个人生存与发展的必要条件。如劳动的需要就是人类社会存在的第一个条件。社会性需要除此之外还有交往需要、成就需要、友谊需要、求知需要、尊重需要、权力需要等。社会性需要是人在后天社会化过程中，通过学习而形成的，是人类特有的高级需要。每个人都会意识到并接受社会的要求，把社会的要求内化为自己的需要，从而产生社会性的需要。例如，当今社会人们对知识强烈的求知欲，就是社会需要在每个人身上的反映。社会性需要也是在生理性需要的基础上，在社会政治、经济、文化、教育等因素广泛影响下形成的，具有社会性。不同的历史时期、不同阶级、不同民族，人们的社会性需要会有所不同。例如，在奴隶社会、封建社会、现代文明社会，人们的需要各不相同。

（二）根据需要满足对象的不同

把需要分为物质需要和精神需要。

1. 物质需要

物质需要是人对社会物质生活条件的需要。物质需要既包括生理性需要，也包括社会性需要，例如，人们对衣食住行有关物品的需要，对劳动工具、文化用品、科研仪器、娱乐用品的需要等。

2. 精神需要

精神需要是人对精神生活的需要，也是人类特有的需要。它包括人类对客观事物认识的需要、学习的需要、交往的需要、爱的需要、尊重的需要、审美的需要、道德的需要、成就的需要、创造的需要等。在这众多的需要中，劳动和交往的需要是人类最早形成的精神需要。研究表明，交往需要在人类历史发展过程中起着非常重要的作用，是个体心理发展的条件。如果一个人长期缺乏人际交往就会影响人心理的正常发展。

三、需要理论

（一）勒温的需要理论

德国心理学家勒温假定人与环境之间存在着一定的平衡状态，如果这种平衡状态遭到了破坏，就会引起一种紧张，产生解除紧张的需要或想恢复平衡的某种行为的动机。勒温认为，人类的行为包括：紧张—移动—缓和的连续性表现。紧张—移动—平衡和需要—活动—缓和是相似的。需要是行为的动力，需要引起活动，以使需要得到满足。需要得不到满足而产生的压力可以引起心理系统的紧张；需要满足后，紧张心理系统就会得到解除。反之，需要得不到满足或动机受到阻碍，心理系统的紧张就会保持一定的时间，并使人具有努力满足需要或重新实现目标的意愿。勒温还把需要分为两种类型：需要和准需要。需要是指客观生理需要；准需要是指在心理环境中对心理事件起着实际影响的需要。勒温认为一般需要是指准需要，并且每个人需要的强度是不同的。

（二）默瑞的需要理论

美国著名的个性心理学家默瑞把需要看作个性的中心概念，并用来说明个性的动力结构规律。默瑞认为需要就是代表脑区力量的构造物，这种力量引起一系列行为反应，使原有的紧张情绪解除，具有定向目的性。需要这种力量会渗透到活动的各个方面，并调节控制着其他心理活动。需要是个体行为动力性的源泉，是个体行为所必需的。需要和个体的不平衡状态相联系，在一般情况下个体总是处于一种不平衡的状态，因此需要经常推动着个体活动的进行。默瑞认为人类各种需要之间相互作用，人类的全部需要是一个系统。他还把人类需要系统和环境系统联系起来，并把他们纳入一个动态系统中。认为人类的主体和环境压力之间是相互作用的。人类动机是个人的需要和压力共同起作用的结果。其中需要是行为倾向性的因素，压力是行为促进性的因素。个人需要和环境影响相互结合，决定了一个人的行为。

默瑞对人类的需要提出了许多分类。认为最简便的分类是把需要分为两类：一类是基本需要，即身体能量需要，它涉及生理的满足，也称内脏性需要。例如，对空气、水、食物等的需要。另一类是次级需要，即心理能量的需要、心因性需要，它涉及精神或情绪的满足，例如，对成就、交往、尊重、秩序等的需要。心因性需要是在内脏性需要基础上产生的。各种需要的重要性对每个人是不同的。内脏性需要是与个人生存直接相联系的，是最为重要的。各种需要将按照重要性依次得到满足，最为强烈的需要将率先得到满足。

默瑞列举了20种人类代表性的需要：贬抑、成就、亲和、攻击、自主、对抗、防御、恭敬、支配、表现、躲避伤害、躲避羞辱、培育、秩序、游戏、抵制、感觉、性、求援和了解。每个人这些需要的程度是不同的。各种需要之间有融合、互补、冲突的现象。每个人都有一个需要层次，各种需要在重要性上有所区别，其中与人类生存有关的基本需要是最重要的需要。

默瑞还认为，明显的需要可以通过观察一个人行为的经常性、持久性和强烈性而直接测量出来。隐蔽的需要必须用间接的方法测量。他和摩根于1935年共同设计了主体统觉测验（简称TAT）来测量被试的需要。默瑞认为人们在对非常爱美的图片进行想象时，会与个人的经历相联系，会不知不觉地把个人的内心愿望、理想和需要以及内心冲突等通过故事情节投射出来。

（三）马斯洛的需要层次理论

马斯洛是美国人本主义心理学家。他认为人的需要是自发的，每个人都有一种自发的成长潜力。每个人的行为是由一定的需要驱使的。马斯洛还提出人的需要是有层次性的，人类的各种基本需要是相互联系的、相互依赖的，是一个按层次组织起来的系统。只有低层次需要得到满足，才会出现更高层次需要。只有所有的需要相继满足后，才会出现自我实现的最高需要。需要经历了从无到有、由弱到强逐渐演进的过程。马斯洛认为，每一时刻人总是有多种需要，最占优势的需要支配着一个人的意识，构成行为的核心力量。已经满足了的需要，就不再对行为具有积极推动的力量。马斯洛开始把需要分为五个层次：生理需要、安全需要、归属与爱的需要、尊重需要和自我实现的需要。后来他又补充了两个层次，共有七个层次：生理需要、安全需要、归属与爱的需要、尊重需要、认知需要、审美需要、自我实现需要，如图 6-1-1 所示。

图 6-1-1　马斯洛需要层次模式

1. 生理需要

生理需要是有机体最强烈、最明显的需要，也是最有力量的需要，是其他需要的基础，它包括人类对水、食物、氧气、性、排泄和休息等需要，促使人类的求食、睡眠、配偶等行为。中国有句古语"衣食足，知荣辱"。在满足了生理需要的基础上，安全需要便显露出来。

2. 安全需要

安全需要是对安全的环境，稳定的秩序，受保护，免受恐吓、焦虑和伤害等危险折磨的需要。安全需要驱动人类寻求帮助，避免疾病、恐惧、焦虑等行为。安全需要是减少生活中的不确定性的需要，它在儿童的身上尤为明显，儿童需要稳定的生活。生活较规律、固定，对未来有计划的家庭环境，有利于儿童的健康成长。家庭的不和睦，众多意外事件的干扰，都会给儿童造成心理上的不安定、不可预测感和不安全感，让他们担惊受怕，影响他们的健康发展。马斯洛认为生理和安全的需要是低级需要，是更为有力的、更为强烈的需要。

3. 归属与爱的需要

在满足前两者需要的基础上，个人开始有了交往的需要，即归属与爱的需要。归属与爱的需要，是个体希望获得别人的爱和爱别人的需要，这种需要驱动人们产生寻求他人和社会的接纳、爱护、关注、鼓舞等行为。归属与爱的需要使人们渴望在群体中与同伴有深厚的关系，能被承认和接纳，不被孤立和疏远。爱是人与人之间健康的、亲热的关系，包括相互依赖。马斯洛认为，成熟的爱是两个人之间健康亲密的关系，彼此关心、尊重和信任，与性爱是不同的。缺乏爱会使人孤独和空虚，会抑制成长及其潜力的发展。

4. 尊重需要

尊重需要包括自尊和他尊。自尊是指一个人不仅能受到别人重视和赞许，其自身也具备自信心与一定的能力，能够适应并胜任工作，很有信心获得一定成就；他尊是指别人对某人的尊重，也就是别人赏识或认可这个人的成就、地位、名誉，这个人也因此能够获得认可，并产生一定的威信。

5. 认知需要

认知的需要实际上就是好奇心和求知欲。就是人类想了解、探究客观世界的需要，是人类高级需要之一。

6. 审美需要

审美需要是对秩序、对称及美等方面的需要。马斯洛认为审美需要是人类的本性，它有助于人类的身心健康。这个需要在自我实现者的身上得到充分的体现。

7. 自我实现需要

自我实现需要是指人的成长、发展、利用潜能的需要，是追求自我理想的需要。表现为个人潜能的极度发挥，做一些自己认为有意义和有价值的事情，达到了自己理想的、尽善尽美的境界。即一个人的所作所为符合自身的本性。它一般是中年人、年长者或心理发展比较成熟的人的特有的需要。对于大多数人来说，自我实现就是个人的奋斗目标，只有少数人才能达到真正的自我实现境界。自我实现是人生追求的最高境界。

马斯洛认为只有极少数人是自我实现者，绝大多数的人只能在归属与爱和尊重的需要层次上度过一生。马斯洛把生理需要、安全需要、归属与爱的需要、尊重需要称为缺失需要，因为它们多数是在缺乏的情况下产生的。认知需要、审美需要和自我实现需要是个体在追求人生存在价值过程中产生的，是高级需要，称为生长需要。

马斯洛认为生理需要和安全需要是低级需要，是人类和动物界共同具有的；自我实现需要是高级需要，其他需要居于中间层次。马斯洛又把以上人类的需要概括为三个大的层次：基本需要、心理需要、自我实现需要。

马斯洛的后期研究认为人的基本需要有更高层次的全新的需要，即发展需要，包括有意义、自我满足、轻松、丰富、正义、美、独特、善、乐观、诙谐、活跃、真实等。

马斯洛的理论较系统地探讨了需要的实质、发生及在人类生活中的作用，基本上反映了人类需要由低向高发展的趋势，区分了动物与人类的需要，这些都是其合理之处，在管理领域和教育领域具有一定的应用价值。但他把人类的需要看成先天的本能需要，是不符合客观现实的，抹杀了人类需要的社会性。

第二节　动机的概述

一、什么是动机

（一）动机的概念

动机是指激发、指引和维持个体进行活动，并使活动朝向某个目标的动力或内在心理倾向。换句话说，动机是直接推动人进行活动或抑制活动的内在原因。静态的需要还不是动机，当个人的愿望或需要激起人进行某种活动并维持着这种活动，这时候需要转化成为活动的动机。需要是动机的基础，动机是需要的一种表现形式。但是在具体环境中，个体的需要未必就一定引起相应的动机。模糊意识到的需要叫意向。当个体有某种意向时，可能意识到一定的行为活动方向，却并不明确行动所依据的具体需要，也就缺乏行动的动力。当个体能明确意识到并想实现的需要称为愿望。如果愿望仅仅停留在头脑中没有付诸实际行动，这种需要也不会引起行为活动。

动机是无法直接观察到的，人们只能通过观察行为的变化进而推测行为的原因——行动的动机。例如，当我们看到某人在大口大口地喝水，我们由此可以推测这个人此时很渴；看到某人狼吞虎咽地在吃饭，由此推测此人此时饿极了。动机实际上是个体行为过程中的一个中介变量，只能通过各种刺激带来的不同行为反应而加以推测或判断。同一事件，不同人的动机不同，行为反应也不同；同一个人，对不同事情的动机不同，行为反应也不同。人类行为的差异，可能是能力造成的，也可能是机遇，更多的是动机造成的。

个体的动机分为两类：一类是情境动机，指个体在某种特殊情境下产生的活动，以追求目标求得满足的动机。它是一种暂时的、非普遍性的动机，不属于个体稳定的人格特征。另一类是人格动机，是个体追求的不限于某一类特定目标，只要是个人喜爱的、珍重的，都不会因环境的改变而变化的动机。例如，爱学习的人，不管是节假日，还是成绩好坏，都坚持学习。人格动机主要体现在人生的价值目标上。

动机也不是任何时候都处于意识之中，有时候动机处于潜意识之中，即使行动者本人也未必意识到行动的原因。

意志行动的动机，是由两个方面的因素构成的。其一是认识，认识是产生有目的动机和由此而产生行为的前提；其二是情绪和情感，情绪情感越强烈，驱使行动的力量越大，动机越强。

（二）动机产生的条件

动机的产生，是内在条件和外在条件两种因素共同作用的结果。引起动机的内在条件是需要，当需要的强度达到了一定水平，并有满足需要的对象存在时，才会引起动机。

　　个体的行为，除了机体内在需要以外，还有外在环境的引发。引起机体动机行为的外部刺激称之为诱因。诱因是指明有机体活动的方向，满足有机体需要的刺激物或环境。诱因具有激发或诱使个体趋向某个目标的作用。诱因可以是物质的，如食物、汽车、高档家具、名牌衣饰等现代化的物质生活；也可以是复杂的事物和情境，如名誉、地位、权力、自尊、他尊等。凡是人们希望得到的、有吸引力的刺激或情境都可能成为诱因。

　　按照刺激物的性质，可以将诱因分为两种：正诱因和负诱因。正诱因是指凡是引起个体趋向或接近并由此引起个体从中获得满足的刺激物；负诱因是指凡是因逃避或躲开而使有机体得到满足的刺激物。心理学通过许多动物实验发现，需要并不能直接推动行为的产生，只不过使有机体处于准备反应或更易于反应的状态，诱因才能使有机体真正产生行为动机，导致行为表现。现代心理学更重视诱因对个体行为的影响作用。例如，在老鼠走迷津的实验中，如果迷津的终点没有食物，饥饿的老鼠并不比饱食的老鼠积极行动；若在终点放了食物，饥饿的老鼠就会立刻飞跑。当食物由大量换成少量时，饥饿的老鼠也会相应地放慢速度；当食物增多时，老鼠会加速奔跑。实验证明诱因对有些行为具有明显的调节作用。不管怎样，诱因也只是外在因素，只有当它转化成个体内在的需要时，才能推动个体行为，成为行动持久的动力。

　　个体在某一个时刻会有最强烈的需要，并在诱因的引导下，能产生最强烈的动机。需要和诱因的共同存在是形成动机的条件。在这两个条件中，哪一个作用更重要，这要视具体情况而定。有些动机的形成中，需要的作用更强一些，有些动机的形成中诱因的作用更大些。

（三）动机的功能

　　动机在人的活动中起着非常重要的作用，它给了人们行动的力量和方向。动机使人产生了行为的欲望和要求，也促使人的行动始终围绕着目标而展开。

1. 启动功能

　　人的行为总是由一定的原因而引起的。动机能发动有机体的某种行为；动机是行动原动力，具有引发和驱动行为的功能。例如，体弱多病的人希望身体强壮，就会产生相应的锻炼身体的行动。

2. 指向功能

动机总在指引着人的活动方向，使活动追求着既定的目标。在动机的支配下，人的行为总是指向某一目标或对象。例如，饥渴的人，其行为总是会指向食物和水。

3. 维持功能

动机具有维持活动的作用，使活动达到预定目的，不达目的不罢休。在行动中，在动机的指引下人类根据需要和客观环境，及时调节行为，使行为始终围绕着动机而进行。科学家在科学研究中，强烈的求知欲会使他废寝忘食地工作，夜以继日地研究，其活动始终围绕着研究目标而进行。

4. 强化功能

人在行为中通过满足需要而产生的积极愉快的情绪体验，将会强化人已有的行为，使某一行为多次重复地出现。小学生在学习中成功的体验、老师的表扬、同学们的称赞等将会激励他更加勤奋努力地学习，强化他的学习活动。

（四）动机水平

动机总是与行为密切相连，并且有着复杂的关系。同一种行为可能有着不同的动机，不同的行为也可能有着相同的动机，同一种动机，也可以产生不同的行为。动机和效果不一致的现象也会存在。

人的行为动机都有最佳的激活水平。耶克斯－多德逊定律认为，动机水平和行为效率之间的关系呈倒 U 形曲线。动机水平太低，活动的动力和欲望不足，会影响行为的效率；动机水平太高，会导致人们紧张和焦虑，行为会紊乱，也会降低活动的效率，"欲速则不达"。

动机的最佳水平随任务性质的不同而不同。在简单容易的任务中，工作效率随机水平的提高而提高；在困难的任务中，工作效率随动机水平的提高而降低；在任务难易适度的情况下，动机适中，活动效率最佳。

二、动机的分类

（一）生理性动机

如饥、渴、睡、性、温暖等动机，也称为驱力，是以生理性需要为基础而产生的动机。人类纯粹的生理性动机很少见，并且有着社会历史性，受社会历史条件的制约。

在生理性动机中研究最多的是饥饿动机和干渴动机。饥饿动机驱使个体从事求食活动。长期以来人们认为胃部收缩是引起饥饿的主要原因。但是也有人认为并不是这样的，因为日常生活中我们都有这个常识，即胃部全部切除的人仍然能感觉到饥饿。坦善尔顿等人研究认为，血液中的某些化学成分的变化是引起饥饿的原因，主要是血液中的血糖和激素含量的变化。饥饿的原因可能是血糖量的降低、内分泌的变化和胃部收缩三者的综合作用。

现代生理学研究表明，饥饿与下丘脑的机能有关，下丘脑对摄食行为进行调节。下丘脑有两个摄食行为调节中枢，即摄食中枢和饱食中枢。摄食中枢位于下丘脑的外侧区，它引发着摄食活动；饱食中枢位于下丘脑的腹内侧核，它制止摄食活动；刺激这一区域，动物会停止进食，破坏这一区域，会导致严重的过食行为。电生理学实验表明，刺激一个中枢会抑制另一个中枢的活动。静脉注射葡萄糖，腹内侧核放电频率较高，外侧区放电频率较低。有机体在饥饿情况下，下丘脑外侧区放电频率较高，腹内侧核放电频率较低。但是，中枢神经系统许多部位都参与控制饥饿动机的行为。不仅如此，社会文化条件、个人生活习惯、心理因素，以及食物的色、香、味等因素都会影响着人的求食活动。心理学家研究认为，一般人通常是在焦虑时食欲降低，食量减少；而肥胖者在焦虑时食量反而增加，肥胖者在任何情绪状况下，都会增加食欲。有人认为其原因是口中的咀嚼动作，可以使面部肌肉的紧张度降低，使人间接地松弛下来。久而久之，由口中咀嚼动作变成饮食习惯，凡是遇到焦虑紧张的情景，就以吃的方式来缓解。有些类似于借酒消愁的情景。同样，有些人过分节食，会产生神经性厌食症。情绪对人类饮食有着一定的影响。

干渴动机驱使个体从事饮水活动。渴要比饥饿对个体行为具有更大的驱动力。体内严重缺水会导致有机体的死亡。阿道夫实验证明，一只狗在某个特定时间内的缺水量与它得到水后所喝的量是相等的。这个实验说明狗似乎有一种正确估计自己缺水量的能力。也说明个体喝水受体内需要程度的支配，而不受口干程度的支配。下丘脑中某些化学成分的变化是产生干渴的重要原因。将盐水注射到山羊下丘脑的某些部位内，会引起山羊大量饮水；但注射纯水时，山羊不会大量饮水。20世纪50年代，有人研究认为，下丘脑的中部与前部毁伤，能使动物停止饮水，直至严重脱水而死亡。以上研究证明，下丘脑中可能有调节饮水的中枢。但是不同动物的部位可能是不同的。20世纪70年代阿纳德等人研究发现，边缘系统的隔区与饮水有关。切除隔区的主要部分或后区，动物会变得极渴，并且大量饮水。满足渴的需要的方式和饮料的品种等都与人类社会文化生活条件有关。例如，中国人爱喝茶，西方人爱喝可口可乐、啤酒或咖啡。

（二）社会性动机

社会性动机是与社会性需要相联系的动机，又称为心理性动机，如理想与信念、兴趣与爱好、认识和学习动机、交往动机、归属动机、赞誉动机、成就动机等，其核心是理想与信念。社会性动机是后天在社会实践中习得的，是人类特有的动机。张春兴教授认为，心理性动机包括两个层次，一个层次是原始的三种驱力，即好奇、探索和操作；另一个层次是成就动机和亲和动机。社会性动机如果长期得不到满足，可能导致适应不良，出现某种心理障碍。

1. 好奇、探索和操作

个体对新奇事物注意、探索和操作等行为的内在动力称为好奇动机，简称好奇。引起好奇动机的刺激要具备新奇性或复杂性。刺激越新奇或越复杂，个体对它就越好奇。个体在幼小童年对事物的好奇比成人更为强烈。动物也有好奇心。

儿童各种好奇心的表现为以下三种方式。

感官探索。凡是好奇的事物出现时，儿童以各种感官进行探索。

动作操弄。在感官探索的基础上，继而以动作操作，如推、拉、摸、抓等动作。它是一种触觉经验。越奇特的东西越能强烈地引起儿童操作的欲望。例如，儿童拆卸玩具或其他物品就是一种探索行为。

好问。随着儿童年龄的增长，感官的探索和动作操作已经不能满足儿童的好奇心，儿童的问题会越来越多，问题涉及的广度也会越来越大。

2. 成就动机

是指个体在从事有意义的活动时力图取得圆满结果和成功的动机。成就动机是个体以高标准要求自己，力图在学习、工作和创造上取得成功的动机；是实现人生价值、为社会进步作贡献的动机；是一种高目标、高要求的高级动机。成就动机是人类在成就需要的基础上产生的，它是激励个体乐于从事自己认为重要的或有价值的工作，并力求获得成功的一种内在驱动力。研究表明，儿童幼年开始就有了成就的需要，在儿童四五岁时，成就需要开始出现明显的个体差异。心理学研究表明成就动机与家庭的教养方式有关。一个家庭中，母亲的成就动机高，会重视子女的独立性和能力的培养，这些有助于儿成就动机的培养。从小培养孩子的独立性，增强自信，体验成功，是培养成就动机的一个重要的途径。成就动机是一种重要的学习动机。同时，成就动机与文化宣传有关。文学书籍中有关成就的词汇越多，越有助于成就动机的激发。在智商同等的条件下，成就动机高的人更有可能取得成功。因为凡是成就动机高者，在从事任何工作时，都会给自己设定较高的目标，并且全力以赴，尽力而为，做到尽善尽美。

成就动机是个人和社会取得发展与进步的重要动力。一些人把工作看成个人价值感的源泉，是编织社交网络的基础，所以，追求工作成就的动机在激励着他们的行动，影响着他们对自己和他人的认识。研究表明，成就动机和个人的抱负水平相联系。抱负水平是指一个人从事活动前，估计自己所能达到的目标的高低。个人成败的经验通常会影响一个人的抱负水平。美国心理学家罗特认为，制约个人抱负水平的因素是：个人的成就动机和个人根据以往成败经验对自己能力的估计。

影响成就动机的因素主要有以下几种。

（1）童年期所受的家庭教育。父母的价值观、父母的成就动机、父母对子女的要求和教育方式等都影响儿童的成就动机。父母独立自主又能以身作则，容易培养儿童的成就动机。父母过分保护子女，限制儿童的独立性，较难培养子女的成就动机。严格而温和的教育方式对儿童的成长更为有利。

（2）教师的言行影响学生成就动机的强弱。成就动机较强的教师的言行有助于学生成就动机的形成。由于中小学生具有强烈的向师心理，教师对学生的评语是激发学生成就动机的有效方法。一般来说，教师除了给学生等级评定外，还应根据学生的特点，给予适当的矫正或相称的好评，以激发学生的成就动机。

（3）经常参加竞争或竞赛活动的人的成就动机较强。

（4）学生的学习成绩与其成就动机呈正相关。学习成绩优秀的学生通常成就动机强烈。

（5）个人对工作难度的评估影响成就动机。个人认为工作过难或过易，都不易激发成就动机。只有认为工作难度适中，成功和失败的可能性各占一半时，成就动机最强烈。

（6）个性因素。每个人的理想、信念和世界观等对成就动机影响甚大。

（7）群体成就动机的强烈与自然环境和社会文化条件有关。当国家经济繁荣昌盛时，人民的成就动机就会提高；竞争激烈的地方，人们成就动机相对强烈一些。

研究表明，成就动机强的学生比成就动机差的学生更能坚持学习，学习成绩也好。同样，学习成绩的好坏有激发或削弱学习动机的作用。好的学习成绩，既可以满足学习者原有的学习需要，又可进一步加强学习者的学习动机；成绩差的学生，不仅原有的学习需要得不到满足，而且又在学习中感受到了挫折，从而减弱学习动机。

一般有成就的人，都具有以下特征。

（1）能全力以赴完成某种困难的工作，重视声誉并希望获得成功；

（2）有明确的目标和较高的抱负水平，对自己有足够的信心；

（3）精力充沛、好奇探新、求异开拓；

（4）选择伙伴以能力价值取向，而不是以交往的疏密为标准。

成就动机应用于学习上，有以下几点要求。

（1）根据学生个人的能力安排学习、工作，并创造一定条件放手让学生去独立完成，以激励他们强烈的成就感。

（2）给学生的学习任务难度要适中。学习过于容易，不能激发学生完成任务的动机；学习任务过难则容易使学生灰心丧气。成就动机高的学生应安排他们完成难度较高的学习任务，使之竭尽全力去完成。

（3）对学生的进步要明确、及时予以信息反馈。对学生的进步要求、成就需要应该予以满足，并提供适当的条件，使他们感到满足和情感的平衡。

3. 交往动机

交往动机是个体愿意与别人接触并得到别人接纳和关心的动机。它有利于促进学生学习中的积极性，有助于学生的心理健康和思想进步。交往动机，是人类在交往的需要基础上产生的。人们结交朋友、获得支持，信息共享，在交往中感到安全、有依靠，提高了生活的勇气。交往动机加强了人类的联系。狼孩的例子充分说明，离开了人类社会，个体的心理就不会正常发展。交往动机又称亲合动机，它表明了人类的个体愿意与他人接近、合作、互惠互利，并发展友谊。人类要生活、要劳动，就需要人际交往，交往动机是人类正常发展必需的。

人类的交往动机与恐惧密切相关。沙赫特选取了 64 名女大学生作为被试，通过研究发现，高恐惧的人比低恐惧的人更愿意与人合作，越恐惧的人，合群倾向越强烈。

人类的交往动机也与忧虑有关。曹尔诺夫等人在 1961 年进行了一项研究，对高度恐惧组、低度恐惧组、高忧虑组和低忧虑组，进行合群倾向测验。结果表明，恐惧和忧虑对合群现象显示出相反的效应。高忧虑组的人较低忧虑组的人倾向于不合群，他们在与别人一起时，会增加忧虑，因此会回避与他人交往。最后，研究的结果是：恐惧使人类的合群倾向加强，忧虑使人类的合群倾向减弱。

还有些人认为，人们喜欢交往是因为在交往中，人们通过与别人的比较，来认识和评价自己，评定自己的感受与体验是否正确。有些交往倾向是先天获得的，有些交往是后天学习的。交往学习中，条件反射和奖赏等有可能加强交往倾向。

4. 权力动机

是指人具有的某种支配和影响他人及周围环境的内驱力。权力欲望是使人们积极地参与活动，并成为某个群体领导者的愿望。高权力动机的人，经常对社会事业有浓厚的兴趣，总是试图以自己的观点说服别人，希望在群体中居于领导者的地位，在日常生活中表现得比较健谈、好争论。从权力的目标来分，权力动机分为个人化权力动机和社会化权力动机。持个人化权力动机的个体，寻求权力目的是满足个人的私欲或利益。他们热心社会活动，目的是利用这些活动来表现自己，树立个人威望或满足某种私欲。同时，他们热衷于追求权力、地位，也是为了个人的利益。有些人通过各种手段聚集财富，企图以优厚的物质财富来提高自己的社会地位，达到影响他人和控制社会的目的。具有社会化权力的个体，追求权力的目的是他人。在行为上表现出关心社会，关心他人，以个人知识、观念等方式影响他人。即以个人的作品或精神世界影响他人，影响社会，希望对社会作出的贡献。

此外，根据动机影响的范围和持续的时间可以分为长远的、概括的动机和短暂的、具体的动机；根据动机的性质和社会意义可以分为高尚动机和低级动机；根据动机在活动中作用的大小可以分为主导动机和辅助动机。

三、动机理论

（一）本能理论

本能是一种先天的生物力量，是种族在进化过程中形成的，由遗传固定下来的，一种先天不学就会的行为模式，它预先确定了有机体的一些行为倾向或行为方式。先天本能行为模式在种系的每一个体达到特定的发展阶段时，被足够的刺激所激发就会以一个同样的方式表现出来。本能行为一旦被激发出来，就会不再依赖外界而完全自发地完成。在传统的观念中，人类是理性的，只有动物才具有本能行为。但是，19世纪末20世纪初，达尔文的进化论改变了人类的认识，使人们认识到从低等动物到高等动物——人类在种系的发展上具有延续性，人类也有本能行为。许多心理学家认为，人的大部分行为是本能控制的。包括人类新生儿出生后的一些先天本能的无条件反射，例如，新生儿的吮吸反射、觅食反射、眨眼反射等。本能行为是人类行为的原动力。美国心理学家詹姆斯、麦独孤以及奥地利著名心理学家弗洛伊德等人都先后研究了人类行为中的本能表现。本能论最著名的代表人物是美国心理学家麦克杜格尔（W.McDougall），他认为人类的所有行为都是以本能为基础的，本能是人类一切思想和行为的基本力量和源泉。本能是由能量、行为和目标指向三个部分构成的。个人和民族的性格与意志也是由本能逐渐发展而形成的。人类有18种本能：逃避、拒绝、好奇心、好斗、获取、自信、生殖、合群性、自卑、建设等。

本能理论认为人类的活动是上天安排好的。我国儒家的"良知""良能"，孟子的仁、义、礼、智与一般本能相似，是与生俱有的，也是人行动的动机。

本能论还有一个典型的代表人物是奥地利精神分析专家弗洛伊德。弗洛伊德认为性本能是人类心理活动的原动力。生与死的本能是人类行为的两大基本动力。对人的行为主要可以用性和攻击两种动机来解释。虽然，它们是潜意识存在的，但具有强大的动机力量。

美国心理学家麦独孤认为，本能是天生的倾向性，人类天生对某些客体特别敏感，并伴随着特定的情绪体验。人们的思想和行为是由本能引起的，本能是激发行为的根源。

现实生活中，儿童的确先天带来了各种各样的无条件反射，即本能反应。例如，儿童先天具有以下的本能行为：吮吸反射、觅食反射、眨眼反射、抓握反射、游泳反射、迈步反射、击剑反射等。儿童最初的本能活动都可以成为最初学习的基础。

本能理论在 20 世纪 20 年代末，开始受到人们的怀疑和批评。

（二）驱力理论和诱因理论

20 世纪 20 年代，心理学家武德沃斯（S.Wood worth，1869—1962）倾向于用驱力的概念代替本能的概念来解释动机，提出了驱力的概念。所谓驱力是指个体由于生理需要引起的机体紧张状态，能激发或驱动个体的行为，以满足需要，消除紧张，恢复机体的平衡状态。这个理论把个体内部状况所产生的驱力或需要看成是行为的动力。20 世纪四五十年代，心理学家赫尔（C.L.Hull，1884—1952）提出了驱力减少理论。他认为，个体要生存就会有需要，需要产生了驱力。驱力是动力系统，驱力使人类获得了机体的能量；需要得到满足后，驱力便会降低。有些驱力来自先天的，不学而会，称为原始驱力；有些驱力来自外部世界，是后天习得的，称为获得性驱力。他强调经验和学习在驱力形成中的作用，认为学习对有机体适应环境具有重要意义。人类的行为主要是由习惯来支配的，不是生物驱力决定的。驱力给了有机体力量，习惯决定了行为的方向。

诱因理论认为，诱因在唤起行为时也起着重要的作用。应该用刺激和有机体特定的生理状态之间的相互作用来解释动机。这个理论强调了外部刺激在引起动机的重要作用，认为诱因有唤起有机体行为和指导行为方向两种功能。有少数学者强调诱因作用，排除驱力的作用；大多数学者认为，动机是机体诱因和外界诱因的相互作用的产物。

（三）归因理论

20 世纪 60 年代，心理学家用因果关系推论，从行为结果推断行为的内在动力，这是一种解释人的行为成功与失败原因的理论。

归因是指人们对他人或自己的行为进行分析，推论行为的内在原因的过程。最早对归因进行研究的是美国心理学家海德（F.Heider）。他认为人类有两种需要，即对周围世界的了解和控制环境。满足的手段是清楚人们行为的原因，并预测人们的行动，这就是人们进行行为归因的内在原因。

任何人都有探索自己成败与原因的倾向，常常会问自己失败原因。此理论把成败原因的分析归纳成以下三个方面。

（1）原因源（即内外性）指造成事实的原因属于个人内部还是外部的因素。如聪慧、能力、心境、努力等都是行动者内在的原因；工作设施、任务的难易、运气、教师偏见、别人的帮助等都是行动产生的外部环境原因。

（2）稳定性是指导致行为原因的内外因素是否具有持久性。如个人能力就是稳定性的因素，运气、任务的难度、心境就是不稳定的、易变的因素。

（3）可控性是指行为的动因能否为行为者或他人所支配或驾驭。如努力学习、别人帮助等是可以控制的因素，而学习任务太难、聪慧、心境、机遇等就是不可控的原因。一般情况下，内在的、稳定的归因较易预测行为的再次发生；外在的、非稳定的归因使归因者对行为较难预料。

归因理论认为，个人对其成败原因的分析可以广泛地影响后来行为动机。例如，倾向于外部归因型的人，总认为自己行为成败是受外部环境力量控制的，如自己的成败总是与运气、作业难度、老师影响等密切相联系。内在归因型的人，总认为自己行为的成败受个人内部力量的控制，成功的原因是个人努力的结果，甚至会认为个人努力胜过其他因素的力量。例如，在学习方面，外在归因型的人认为学习成绩好是因为老师课讲得好造成的，成绩不好的原因是老师课讲得不好，或考试题太难而导致的。内在归因型的人认为，学习成绩好的原因是个人能力强，成绩不好的原因是个人努力不够。

四、学习动机

（一）什么是学习动机

学习动机是推动学生进行学习活动的内部动力，是激发学生学习的一种需要，又称为学习动力。学生学习活动是由各种不同的动力因素组成的整个系统而引起的。其中的心理因素包括：学习的需要，对学习的必要性的认识及信念，学习的兴趣、爱好或习惯，等等。在这众多的因素中主要是受学习动机的支配。学习需要和学习目标组成了学习动机的重要因素。学习目标指引着学习方向，成为学习的诱因。

学生的学习总是受一定的学习动机所支配。例如，有些学生学习是为了考个好成绩，以取得父母、老师、同学们的表扬、称赞。研究表明，动机有加强学习的作用，成就动机强的学生比成就动机低的学生更能坚持学习，学习成绩也好。学习成绩有激发和削弱学习动机的作用。学习成绩好，能满足学生的成就动机，增加自信心，更加积极主动地学习；成绩差的学生，在学习中看不到成绩，体验不到成功的喜悦和快乐，不能激起学习的兴趣和信心，进一步学习的动机就会减弱，有些同学会因此而出现厌学的情绪。

（二）学习动机的培养和激发

学习动机是学习的必要条件，培养和激发学生正确的学习动机是提高学习效果的重要手段，也是学校教育的目标之一。

1. 学习动机的培养

学习动机的培养就是利用一定条件把社会和教育的客观要求，转变为学生内在的学习需要，或者说是学生从没有内在的学习需要到产生学习需要的过程。学生正确的学习动机，主要是在学校有计划、有组织、有目的的教育下，逐渐形成和发展起来的。

（1）加强学习目的教育，激发学习需要。学生的主动学习有赖于他们对学习意义的认识和对学习本身的兴趣。加强学习目的教育，旨在使学生深刻认识到学习的社会意义和个人意义，了解社会对学生的要求，把当前的学习和个人的前途及祖国的未来联系起来，变社会教育要求为自己的学习需要。增强学习的责任感，提高学习的积极性和自觉性。

加强学习目的的教育还包括教师在讲授一门新课、一个章节或一个问题之前，应讲清学习该门课或该知识的具体意义，在实践中的应用价值以及在知识体系中的地位，并提出明确的学习任务和要求，这更能促使学生把教育要求变为自己强烈的学习需要，极大地调动学生学习的主动性。

（2）激发求知欲，增进学习需要。个体最初的求知欲只是潜在的动机力量，没有特定的内容和方向，需要外界提供一定条件才能激活起来，并在活动中多次体验到满足需要的乐趣后，才能逐渐巩固，并形成稳定的学习动机。求知欲与学习是互惠的，学习可以激发求知欲，求知欲可以增进学习需要，促进学习。运用启发式教学，精心创设问题情境是激发学生的认识兴趣和求知欲的有效方法和手段。创设问题情境时应遵循这样几条原则：第一，问题要具体、新颖而有趣；第二，从学生实际出发；第三，问题要有适当难度，介于知与不知之间；第四，有利于启迪学生善于运用已有知识进行思考；第五，能引起学生新的求知欲。

（3）利用动机迁移作用，发展新的学习需要。迁移是指一种学习对另一种学习的影响。它既表现为原有的知识、技能对获得新知识、新技能的影响，也表现在一定的学习态度、学习方法对以后的学习活动的影响。在教育教学过程中，对于学习目的不明确、缺乏学习动力、学习自觉性差的学生，教师可以利用学生对其他活动的积极兴趣，因势利导地将之迁移到学习上来，产生学习的需要。善于把学生对其他活动的兴趣与学习联系起来，使学习成为完成他们所喜欢的活动的手段，从而对学习活动发生兴趣，这样就能把学生从事其他活动的动机迁移到学习上。

（4）引导学生参加实践活动，培养新的学习需要。实践活动是心理产生和发展的基础，自然也是动机产生与发展的基础。要有意识引导学生积极参加学科实验、社会调查、小发明创造等各种实践性学习活动，并让学生在活动中承担一定的任务，使学生为了解决问题、完成任务，不断引起新的学习需要，进而转化成推动学习活动的强烈动机。

2.学习动机的激发

学习动机的激发，是遵循学生的心理规律，利用一定的外部诱因把学生的学习需要激活调动起来，转化成为学习动机，成为实际上起推动作用的内部动力。激发学生的学习动机通常采用下列措施。

（1）帮助学生学习有成，增强进一步学习的动机。学习动机可以促进学习，而学习效果又可反过来增强或降低学习动机。学习动机可因学习取得满意的结果而加强。如果学生能顺利掌握知识和技能，在考试中取得满意的成绩，会使自尊心与自信心增强，抱负水平提高，学习动机加强，学习积极性更高，如果学生学习屡次失败，会对自己的能力和努力都失去信心，产生焦虑与自卑，抱负水平降低，学习兴趣低落，从而削弱了原来的学习动机。因此，教师应针对每个学生的实际情况，帮助学生树立合理的学习目标，使学生获得学习成功，提高抱负水平，进一步增强学习的动机。

（2）及时反馈学习结果，强化学习动机。让学生及时了解自己的学习结果，会使学生看到自己的学习进步，已有的学习态度和方式得到肯定，激起进一步学好的愿望；适当对缺点与不足的反馈，能使学生及时改正，并受到鞭策，激发起上进心。在教学过程中，教师应注意以下几点：其一，及时批改并发还学生作业，利用学生刚刚留下的鲜明的记忆表象，满足他们进一步的学习愿望，增强学习信心。其二，反馈的评语要写得具体、明确，有针对性、启发性和教育性，使学生能受到鼓舞和激励，这样的反馈效果才好。

（3）适当利用表扬与批评，激励学习动机。适当的表扬与批评，主要是对学生的学习活动予以肯定或否定的强化，从而巩固和发展正确的学习动机。表扬和鼓励比批评、指责、嘲讽、体罚、恐吓更能激励学生的学习动机，前者能使学生产生成功感，后者则会挫伤学生的自尊心和自信心。教师要尽可能对每个学生的学习做出及时评价，而且应以表扬为主，批评为辅，应注意以下几点：其一，评价要客观、公正、恰到好处，若评价不公正，会使评价产生相反的结果。其二，评价必须注意学生的年龄特征与性格特征。对小学生，教师的直接评价作用更大；

对中学生，通过集体舆论进行表扬与批评，效果会更好。对学习差和自信心差的学生，应更多一些鼓励和表扬；对于自信的学生，则应在表扬的同时指出不足并提出更高的要求。

（4）适当开展竞赛，激发学习动机。竞赛是激发学习动机的有效手段。在竞赛中，学生自尊的需要和好胜性动机更加强烈，学习积极性和克服困难的毅力大大增强。多数学生在竞赛情况下学习效率会有很大的提高。在开展竞赛时应注意以下几点：其一，不宜过于频繁地进行竞赛；其二，避免过强的竞赛，竞赛目标难易适当，鼓励学生自己和自己竞赛，立足于调动学生的积极性；其三，增加获胜机会，可以将学生按能力或兴趣分组，各组自己竞赛，竞争中的获胜者与失败者水平相近，也能激起学生努力上进、争取获胜的积极性。

第三节　动机规律在教学中的运用

一、合理使用强化

（一）对学生学习结果进行及时反馈

对学生学习结果进行反馈，会产生很大的激励作用。反馈具有信息作用，通过结果反馈，学生能够知道自己在学习上取得了多大进步，在多大程度上达到了目标，从而进一步激发学习动机。例如，在一项研究中，让学生又快又正确地练习减法，每次练习30秒，共练习75次。在前50次练习时，甲组知道成绩，乙组不知道成绩，结果甲组成绩好。在后25次练习时，甲组不知道成绩，乙组知道成绩，结果是乙组成绩好。

反馈在学习上有显著效果，反馈越及时，效果越好。有人比较了每天反馈一次与每周反馈一次的效果，发现前者具有更高的效率。因此，教师在课堂上应注意对学生的学习给予及时的反馈，尽可能快地让学生知道自己的学习结果。

（二）对学习结果进行适当的评价

评价指在分数之外教师还可评等级、下评语、表扬或批评，这种评价会使强化的情感作用发挥出来。在一项研究中，对中学生采用不同的评价方式，甲组按学生的成绩划分出等级；乙组除表明等级外，还根据学生的答案给予矫正及相应的评语；丙组则给予鼓励性的评语，如一等成绩的评语为"好，坚持下去"，三等成绩的评语为"试一试，再提高一步"。研究者测量了这三组学生的期中和期末的考试成绩，结果是乙组成绩最好，丙组的成绩稍次于乙组，甲组的成绩较差。乙组是针对学生答案中的优缺点进行评价，效果最好；丙组的评语针对性不强，效果就差一些；甲组没有评语，因而成绩较差。由此可见适当评价的作用是很明显的。

（三）多用正强化，慎用负强化

在学校教育中，教师应多用正强化，慎用负强化。表扬、批评能够给学生的学习活动以肯定或否定的强化，从而巩固和发展学生的学习动机。实验表明，适当表扬的效果明显优于批评；批评比不作任何评价要好。此外，教师的评价、表扬和批评，要考虑到学生的个别差异。对自卑的学生应以表扬为主，使他们逐步树立起自信心；对于自傲的学生要提出更高的要求，在表扬的同时还应指出其不足。

（四）适当地开展竞赛

学习竞赛是学校中常用的激发动机的手段，它以竞赛中的名次作诱因，通过满足学习者交往和自我提高需要来实现。在一定限度和范围内，竞赛对学习确实有积极影响。

根据阿特金森成功可能性在50%时反应倾向强度最大的理论，竞赛对处于中间偏上状态的学生影响最大。这类人通过努力可以不断提高名次，学习动机会因此而更强，竞赛对常胜者有一定激发作用，因为每次他的期待都能实现。

竞赛有一定的积极作用，但也可能产生消极影响。竞赛使学习迟缓的人丧失信心；对于知道自己不需要努力就能成功的人缺乏激励。由于竞赛有正反两方面的作用，因此要妥善组织。在竞赛中，要鼓励学生以打破自己以前的记录为目标；要提供各种可能性，使每个学生都有成功的机会，特别要奖励那些有突出进步的学生。和使用奖励的原则一样，竞赛要能鼓励进步，要有利于形成新的学习需要。

最后应指出，竞赛虽有一定激励作用，但毕竟是一种辅助手段，不研究学习规律而希望靠频繁的竞赛推动学习，是很难有成效的。

二、了解和满足学生的需要

根据需要层次理论，教师在课堂教学中应该意识到，在某种程度上，学生缺乏动机是因为一些低级需要未能得到充分满足，而这些因素有可能成为学习和自我实现的主要障碍。此外，教师还应重视人的内在价值和内在潜能，认识到人具有发挥自己潜能的高级需要，从而激发学生的高级动机。

在实际的教学过程中，学生的需要是多方面的，教师应对学生的需要加以分析，设法了解学生中普遍存在的需要，并把学习活动以一定的方式与这些需要的满足联系在一起，达到促进学生学习的目的。例如，把学习活动与集体荣誉感联系在一起。

教师可以利用直接和间接途径来培养学生新的学习需要。利用直接途径，主要考虑如何使学生原有需要得到满足。由于认知需要被认为是最稳定的学习需要，因此满足学生的认知需要有利于培养新的学习需要。为此，教师应耐心、有效地解答学生主动提出的知识方面的问题，组织能提供大信息量的、有吸引力的课堂教学，满足学生的好奇心和求知欲。此外，要善于引导学生运用已学的知识解决实际问题，这样学生就能了解到知识的意义和价值，激发掌握更多知识、探索更深入的问题的愿望。

另外，满足学生交往的需要和自我提高需要也是非常重要的。奥苏伯尔研究表明，即使是天才儿童，在有取得威望、地位的刺激下的努力程度，也比不公布工作结果情况下的努力程度要强得多。奥苏伯尔认为，在现有社会成员组成中，事实上只有少数人是以掌握知识本身为目的的，一般人总伴随着其他方面的需要，如通过考试、获得学位、得到好职业或提高社会地位等。因此，单纯强调学知识，而不考虑学生其他方面的需要，不利于学习需要的培养。

从间接途径考虑，主要是通过各种活动，提供充分的机会，满足学生其他方面的爱好和要求，使其了解社会，开阔眼界，扩大知识面，取得一些实际生活经验。在这个过程中，学生会发现、认识自己的兴趣和能力倾向，为满足这种兴趣和提高、发挥这种能力，而逐渐形成指向学习的需要。

三、创设问题情境

问题情境是一种适度的疑难情境，它能激起学习需要与学习期待，从而使学习动机处于激活状态。有一定难度的学习情境，对学生有吸引力，但学习情境无论太难或太易都不会使学习者达到最好的动机激起水平。

创设问题情境是引起认知矛盾的常用方法。创设问题情境是将学生引入到问题之中，通过"设疑"使学生对要学习的内容产生疑问，并出现心理不和谐的状态。

研究表明，以下几种"设疑"策略是有效的。

（1）提出与学生已有知识相矛盾的问题。

（2）先教给学生一个基本法则，在学生理解之后，再给他们举出不符合这一法则的事例。

（3）提出有几种答案的问题。另外，采取发现法教学也是激发学生内部动机的有效方法。

创设问题情境，一方面，要求教师熟悉教材，掌握教材的结构，了解新旧知识间的内在联系；另一方面，教师还应该了解学生已有的认知结构状况，要在新知识和学生已有水平之间形成一个适当的跨度，这样才能使学习情境转化成适宜的问题情境。

四、指导学生树立明确而适当的目标

明确的目标指目标要具体，适当的目标指难度要合适。这样的目标学生知道如果去做，而且力所能及，容易受到强化。在对儿童进行教育时，人们往往习惯于提出一些远大的目标，有些心理学书籍也提出这种目标的作用稳定、持久，但这一看法没有得到研究的支持。远大目标的影响力不如分解后的目标更有效。教师首先应帮助学生明确总的学习目标，如学年学习目标、学科学习目标，同时应

帮助学生明确具体的学习目标，如阶段性学习目标、单元学习目标乃至某节课的学习目标，把远大的目标和具体目标相结合，对激发学习动机有相当好的效果。因为确立远大的目标，有利于激发自己的潜能，增强远景性动机。但具体的目标，使具有远景性动机的学习行为能在具体情景中为一系列近景性动机所激励。

如果设立了不切实际的目标，个体在追求目标的过程中常常会遭遇失败，并由此降低自我效能感，久而久之会产生自卑感。而恰当的目标能使个体获得成功的体验增强自我效能感，最终获得自信。自我效能感的增强，又能加强行为动机的强度和稳定性。因此，帮助学生确立适当的目标也非常重要。

五、提供成功的机会

让学生在学习过程中不断得到某些成功的体验，已成为运用现代心理学研究成果激发学习动机的最重要手段之一。动机与学习之间的关系是典型的相辅相成的关系，绝非一种单向性的关系。因此，教师在传授知识的同时，应让学生获得成功的体验。学生一旦尝到学习的乐趣，既能使学习动机获得强化，又有助于产生自信心，增强自我效能感。而这又会对学习动机产生积极的促进作用。可以说，通过成功的机会来激发学习动机，具有多方面的综合效益。

运用这种方法的要点是控制教学的进度和难度，使学生的某些具体的学习目标不断得到实现，尤其是要尽可能创造条件，使学生有机会走出课堂，走向社会，将学得的知识运用于社会实践，在为社会服务的过程中获得巨大的成功喜悦。这种方法的实质是既能提高学生对学习活动成功概率的主观估计，又可充分利用强化自我效能感等作用，旨在增强学习动机的强度和稳定性。

六、引导学生合理地进行归因

归因是个体对自己的成功或失败作出的因果解释。归因理论认为，学生对学习结果的归因方式不同，对后续的学习会产生不同的影响。如果从内部、可控的角度归因，有利于今后的学习；如果从外部的、不可控的角度归因，则不利于今后的学习，但可以降低内心的歉疚和焦虑。因此，教师应针对每个学生的不同情况指导学生正确归因，即找出成功、失败的真正原因。一方面，教师要引导学生客观地归因，过高要求自己或过分强调困难都是不现实的。如有些学生总是把失败归于自己能力差（而实际情况不是），就会产生"习得性无助"，即认为自己无论怎样努力也不可能获得成功。另一方面，教师要引导学生从有利于今后学习的角度归因，无论成功还是失败，都归于主观努力方面的原因，这样做能激发学生更高的学习动机，使学生在以后的学习中获得成功。

第七章　能力、气质与性格

能力、气质和性格是个性心理的重要组成部分，它体现了个体心理活动的独特性，是心理活动中相对稳定的因素。了解和掌握能力、气质和性格的基本内容，对于深入探讨个性心理具有重要意义。本章主要介绍能力、气质与性格相关的内容，共分为三节进行叙述，分别为能力的形成与培养、气质对生活、教育的意义、性格的形成与培养。

第一节　能力的形成与培养

培养学生的能力是学校教育的主要目的之一，而学生能力的培养建立在对能力形成规律认识的基础之上。只有对影响能力形成的因素有了正确的了解，才能够促进学生能力更好地发展。

一、能力的含义

人进行任何活动都需要相应的能力。学生完成作业需要良好的记忆能力，教师完成教学任务需要具备言语表达能力，文学家的创作需要丰富的想象能力。凡此种种能直接影响人的活动效率，使活动顺利完成的个性心理特征就是能力。

能力与活动是紧密联系的。一方面，个人的能力总是在活动中形成和发展起来的，并在活动中得到表现。例如，教师组织教学活动的能力，既是在教学活动中形成，又是在教学活动中表现出来的；一个有音乐能力的人，只有在音乐活动中才能施展自己的能力。另一方面，从事某种活动又必须有一定的能力作为条件和保证。例如，学习活动需要感知、理解、记忆和思维能力；文艺创作活动需要观察、思维、表象、创造想象和写作能力等。离开活动，人的能力不仅无法形成与发展，而且也失去了存在的意义。

能力是人顺利完成某种活动的必要心理条件，而不是顺利完成某种活动的全部心理条件。拿教师教学活动来说，其影响因素很多，如目的与动机、立场与观点、兴趣与爱好以及谦虚与骄傲、热情与冷漠、勤奋与懒惰、细心与粗心等，但这些因素不能直接决定教学活动是否可以顺利完成。只有观察能力、思维能力、组织能力、言语表达能力等，才是成功地进行教育教学活动必备的心理条件。如果缺乏这些条件，就无法顺利有效地完成教学活动。

要顺利完成某种活动，也不是单一能力所能胜任的，而是需要多种能力的结合。例如，画家的活动必须有观察力、形象记忆力、彩色鉴别力、视觉想象力等的结合；音乐家的活动必须具有听觉记忆力、曲调感、节奏感、音乐想象力等的结合。为了完成活动任务的各种能力的独特结合就是才能。如果一个人的各种能力在活动中达到了最完备的发展和结合，能创造性地完成相应的活动，就表明这个人具有从事这种活动的天才。天才就是高度发展的能力的最完美的结合。天才不是天生的，它是人凭借先天获得的生理条件，在环境教育的影响下，加上主观努力而逐渐发展起来的。

二、能力与知识、技能的关系

理清能力与知识、技能的关系，有助于人们正确理解能力的概念。现实生活中，有人把它们混为一体，结果出现"填鸭式"的教学方法，以为灌输知识就能促进能力发展。有人把它们割裂开来，结果犯了"形式训练"的错误，不重视系统科学知识的学习，片面强调实际训练与"智慧"的启迪。其实，能力与知识、技能既有联系，也有区别。

能力不同于知识。能力是直接影响人的活动效率，使活动顺利完成的个性心理特征。知识是人类社会历史经验的总结和概括，是主体通过与其环境相互作用而获得的信息及其组织。贮存于个体内的即为个体的知识，贮存于个体外的即为人类的知识。当知识以符号、概念、规则等内容的形式被个体认识（领会、理解、掌握）时，就转化成了个体的知识，成了个体认知结构的一部分，从而有利于人们去完成改造现实的某些活动。因而可以说，能力和知识属于不同的范畴。例如，解决物理问题时，所用的公式、定理属于知识范畴，而解题过程中思维的严密性和灵活性等属于能力范畴。

能力也不同于技能。技能是一种通过练习而形成的自动化的活动方式，它是以行动方式的形式被人所掌握。例如，在篮球比赛中，运动员传球接球、防守突破等一系列的动作方式是技能的体现；而对双方力量的分析判断、随机应变的迅速反应、谋划战术等属于能力的表现。

能力与知识、技能的区别还体现在它们的发展不同步。知识和技能的发展相对比较快，随着学习的进程而不断增多，随着人的年龄的增长而不断丰富。而能力的发展则相对较慢，有上升阶段，也有下降阶段。据研究，知觉能力发展较早，也先开始下降，其次发展的是记忆能力，然后是思维能力。

能力与知识、技能又是紧密联系、相辅相成的。一方面，能力的发展离不开知识、技能的掌握。人们正是在学习和运用知识、技能的过程中才发展了各种能力的。一般来说，知识和技能掌握得越多，能力发展会越好。另一方面，能力又能够促进知识、技能的掌握。能力往往制约掌握知识、形成技能的快慢、深浅、难易、灵活性和巩固程度。从一个人掌握知识、技能的速度和质量上，可以看出其能力的大小。因此，学校教育既要让学生掌握必要的知识和技能，又要重视学生能力的培养，使两者相辅相成、相互促进。

三、能力的分类

（一）一般能力和特殊能力

一般能力是指为大多数活动所共同需要的能力，如观察能力、记忆能力、思维能力、想象能力、注意能力等，其中思维能力是一般能力的核心。通常所说的智力，就是指一般能力。

特殊能力又称专门能力，是顺利完成某种专门活动所必备的能力。例如，数学能力、音乐能力、运动能力、写作能力等。

一般能力和特殊能力相互联系构成辩证统一的有机整体。一方面，一般能力在某种特殊的活动领域得到特别发展时，就可能成为特殊能力的组成部分。例如，观察能力属于一般能力，但在机械师或机械检修工的检修活动中，敏锐的观察能力就是一种特殊能力。另一方面，特殊能力得到发展的同时，也发展了一般能力。例如，机械师在机械操作中的观察能力也能迁移到其他活动中去，从而表现出一个人对一般事物的观察都很敏锐。人在完成某种活动时，常常既需要一般能力，又需要特殊能力。

（二）模仿能力和创造能力

模仿能力是指通过观察别人的行为和活动，再以相同的方式做出反应的能力，例如，儿童模仿成人的说话语调与表情、学生习字时的临摹、体育课上学生对老师动作的模仿等。模仿不单单表现为观察别人行为后立即做出相同或相似的反应，同时还表现在一些延缓的行为中。模仿是动物和人类的一种重要的学习能力。

创造能力是指按照预先设定的目标，创造出新颖、独特、具有个人或社会价值产品的能力。这里的产品是指以某种形式存在的思维成果，它既可以是一种新概念、新设想、新理论，也可以是一种新技术、新工艺、新产品。

模仿能力和创造能力虽然是两种不同的能力，但是它们却有着密切的关系。二者的不同主要表现为模仿能力是按现成的方式解决问题，而创造能力则能够提供解决问题的新方法和新途径。二者的密切关系表现为模仿是创造力发展的前提与基础，创造力是在模仿的基础上发展起来的。

（三）流体能力和晶体能力

流体能力（也称液体能力）是指在信息加工和问题解决过程中所表现的能力，流体能力的发展与年龄有密切的关系，较少依赖于文化和知识的内容，主要依赖于个人的先天禀赋。

晶体能力是指与知识经验的积累有关的能力，它决定于后天的学习，与社会文化有密切的关系。

二者有不同的发展规律。个体的早期，流体能力发展的比较明显，进入成年期以后，流体能力有所减退；晶体能力则伴随个体终生发展，但到 25 岁以后发展速度逐渐趋于平缓。

（四）认知能力、操作能力与社交能力

认知能力是指人脑加工、储存和提取信息的能力，即我们一般所讲的智力，如观察能力、注意能力、记忆能力、思维和想象的能力都被认为是认知能力。它是人们完成活动的最基本和最主要的条件。

操作能力是指人们操纵自己的肢体去完成各种活动的能力，如劳动能力、表演能力、实验操作能力等。人们通过操作能力与外界发生联系。

社交能力是指人们在社会交往活动中所表现出来的能力，如组织管理能力、沟通能力、判断决策能力等。

三种能力也是相互联系、相辅相成的。人在与外界环境相互作用过程中发展认知能力，认知能力的提高又有助于操作能力和社交能力的发展。

四、能力的个别差异

能力的个别差异主要体现在能力类型、水平以及发展速度等方面。客观、恰当地测量人的能力，对因材施教、人员选拔与培训以及智力落后儿童的早期诊断等都有着重要的意义。

世界上没有个性完全相同的人，能力也如此。优越的社会制度和教育条件，为人能力的全面发展开辟了无限广阔的道路，但是这不等于说每个人的能力完全相同，人的能力总是存在着个别差异的。能力发展的个别差异主要体现在能力类型、水平以及发展速度等方面。

（一）能力类型的差异

人的能力类型差异主要表现在知觉、表象、记忆、思维、想象等类型和品质方面，反映出个人能力结构要素的不同。

在知觉方面，有的人属于综合型，他们富于概括性和整体性，但分析能力较弱；有的人属于分析型，具有较强的分析能力和对物体细节感知清晰的特点，但整体性较差；还有的人属于分析综合型，兼有上述两种类型的特点，即同时具有较强的分析能力和概括能力。

表象方面的差异有四种类型，有人（画家等）是视觉表象占优势；另一些

人（音乐家等）是听觉表象占优势；还有一些人（运动员等）是运动表象占优势；有人几乎在同等程度上运用各种表象，因而形成了视觉型、听觉型、运动型和混合型四种表象类型。

记忆方面的差异，既体现在记忆类型上，也体现在记忆品质上。在记忆类型上，有人视觉记忆效果好，有人听觉记忆效果好，有人有动作参加时记忆效果好，还有人属于混合型记忆，运用多种记忆效果较好。在记忆品质上，有人记忆敏捷准确，保持长久，提取运用高效；有人则记忆迟钝，遗忘得快，再认、回忆的效率差；还有的人虽记得慢，但记得准确，保持时间长。

人在想象方面也存在着差异。首先表现在想象力的强弱程度上。想象力强的人，想象表象鲜明生动，似乎看到、听到或摸到了当前并不在面前的对象；想象贫乏的人，则想象表象较模糊。此外，在想象范围的广阔性、想象内容的丰富性、想象形式的独创性及想象活动的敏捷性等方面也存在着个别差异。

思维方面的差异主要表现在思维的敏捷性、深刻性、灵活性、独创性等方面。有的人思维敏捷、反应速度快，有的人则思维迟钝、反应慢；有的人思路清晰、深刻、逻辑性强，有的人则思路零乱、模糊、肤浅、缺乏条理性；有的人善于独立思考、有批判性、有创新精神，有的人则依赖性强、易受暗示、过于保守、缺乏变通。另外，思维的个别差异还表现在类型上，有人长于动作思维，有人长于形象思维，还有人则善于抽象逻辑思维。

个体能力类型的差异不仅体现在一般能力上，在特殊能力上也存在着差异。人们在不同的活动中所表现出来的特长，就反映了人们在特殊能力发展上的个别差异。例如，有的学生较多地显露出音乐、美术、舞蹈、雕刻、体育等艺术型的才能，他们表演时惟妙惟肖，操作时心灵手巧；有的学生则表露出数学、物理、化学、工程建筑、地理、天文等思维型的天资，他们善于抽象逻辑思维；还有的学生表现出像交际、管理、组织、教育等社会活动型的才干，他们组织能力强，处理问题井井有条，善于社交，化难为易。有的仅在一个方面表现出特殊才能，有的则在几个方面都很突出。

能力类型的差异，一般不代表能力水平的高低，主要是反映出个体能力结构要素的不同，这种差异会影响人们学习的过程和获取知识经验的方式。

（二）能力发展水平的差异

能力的水平差异主要指智力差异，即智力表现高低的差异。人在智力方面的个别差异是十分显著的。西方各国心理学家经过大量测验研究，基本上得到一个共同的结论，智力水平呈常态分布，即"两头小，中间大"（图 7-1-1）。这是推孟 1937 年修订斯坦福 – 比奈智力量表时，测得的全体被试者的智商分配曲线。从图中可以看出，智力极高和极低的人很少，绝大多数人智力处于中等水平。

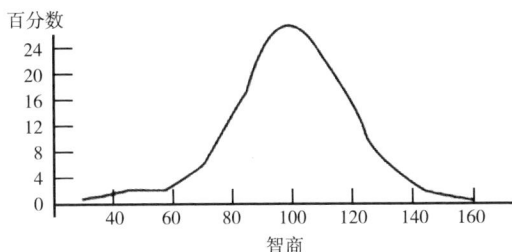

图 7-1-1　推孟统计智商分配曲线

在同一个年龄层中，智力的发展水平有明显个体差异，如某些学生智力超常，某些则智力滞后。超常儿童和低常儿童是智力水平的典型表现。

超常儿童的智力发展水平极高，智商在 140 以上。这类儿童通常具有以下特征：对事物观察细致入微，注意力集中；具有很好的记忆力；思维敏捷，理解力强，有独创性；有浓厚的认识兴趣和旺盛的求知欲；有进取心、勤奋、自信、坚持性等良好的个性品质。超常儿童往往还有些突出的表现，在口头言语、语文和数学学习方面具有出众的才能，或在某些专门的活动（如音乐、绘画）有出众的表现。

低常儿童也就是我们所说的智力不足者的智力发展低于或落后于一般同龄儿童的水平。这类儿童也有一些共同的特征：知觉敏锐度差，难以辨认细节；对词和直观材料的认识都较差，回忆时缺乏逻辑的联系和意义；言语发展迟缓，词汇贫乏，有的出现言语障碍；思维概括能力极差。我国心理学家对照国际分类标准，将智力低常分为轻、中、重三级。轻度智力低常的儿童，智商一般在 50～70，他们生活可以自理，并且能从事简单的劳动，有连贯语言，但学习有困难；中度智力低常的儿童，智商一般在 25～50，生活只能部分自理，动作基本可以或部分有障碍，只会简单的话或极少的生活用语，数概念缺乏或极简单；重度智力低常的儿童，智商在 25 以下，这类儿童生活不能自理，动作有困难，缺乏语言或只会发单音，不识数。对智力低常儿童要给予特别的关心、帮助和教育，使他们获得最大程度的发展。

（三）能力表现早晚的差异

能力的个别差异不仅体现在类型、发展水平上，还表现在发展速度的快慢上。正常的能力发展是与一定年龄阶段的表现一致的。但也有例外：一种是能力的发展超前，小小年纪就显露出非凡的智力和特殊能力，通称"早慧"或"人才早熟"；另一种是能力的发展滞后，年纪较大时才有优异能力的表现，即"大器晚成"。

古今中外能力"早慧"的事例不胜枚举。据我国史书记载，唐初四杰之一的王勃 6 岁善文辞，10 岁能赋，少年时写了著名的《滕王阁序》，以"落霞与孤鹜齐飞，秋水共长天一色"的名句流传千古。李白"五岁诵六甲，十岁观百家"，"十五岁观奇书"。宋朝寇准 7 岁就写了《咏华山》诗："只有天在上，更无山与齐，举头红日近，回首白云低。"

在国外，"早慧"的例子也很多。俄罗斯著名诗人普希金 8 岁时就能用法文写诗；奥地利作曲家莫扎特 3 岁就发现三度音程，5 岁开始作曲，6 岁主演演奏会，8 岁试作交响乐曲，11 岁就能创作歌剧；控制论的创始人维诺，7 岁开始读但丁和达尔文的著作，9 岁破格升入高中，11 岁写出论文，14 岁大学毕业，18 岁就获哈佛大学哲学博士学位。

人的能力除"早慧"外，还有"大器晚成"的现象。我国古代就有"甘罗早，子牙迟"的记载，战国时代秦国的甘罗 12 岁就当了上卿，而西周的姜子牙辅佐武王，72 岁才任宰相。著名画家齐白石，近 30 岁开始学画，40 岁才表现出卓越的绘画才能。著名生物学家、进化论的创始人达尔文，少年时期表现平平，直到 50 多岁才开始有研究成果，写出名著《物种起源》一书。能力发展出现"早晚"差异的原因是多方面的，有的是因为专攻学科的复杂性，不能一蹴而就，需要长期的努力；有的是因为社会制度和环境条件的限制，没有培养和发展能力的可能性；也有的是早期不努力，后来加倍勤奋的结果；还有的是从小虽智能平庸，但由于主观努力，经过长期艰苦奋斗，终于取得了后来的成就。

人的能力虽有早晚差异，但就多数人来说，成才或出成果的最佳年龄是中年。美国学者莱曼曾研究了几千名科学家、艺术家和文学家的年龄与成就的关系，发现 25～40 岁是创造的最佳年龄。

无论是"早慧"，还是暂时一事无成，都没有必要沾沾自喜、骄傲自满或悲观失望、放弃努力。应该坚信，智力正常的人，只要有适当的条件，主观努力，日积月累，都会有长足的发展。

五、能力的测量

能力测量就是确定能力的广度和发展水平。客观、恰当地测量人的能力，对因材施教、人员选拔与培训以及智力落后儿童的早期诊断等，都有着重要的意义。

（一）能力测量的方法

目前能力测量的方法主要有以下几种。

1. 观察法

人的能力与活动是紧密联系的，通过观察被试在活动中任务完成的情况，可以间接推测被试的能力特点与水平。运用观察法了解能力比较方便、自然，但主观性比较大，不精确。观察通常难于系统化和标准化，而且活动与能力并不是简单的对应关系，比如某人过度努力也可能较好地完成某项工作，但不能因此就判断他的能力很高。

2. 实验法

由于任何能力都有自己的独特结构，据此可以根据已知的关于某种能力构成要素的研究成果，设计出专门的实验去测定某种特殊能力。例如，可以通过学生概括课文的中心思想，去检验他们的概括能力。也可以给被试设计一定实验情境，通过被试解决问题推测他们的创造能力。

3. 测验法

测验法是目前能力测量中普遍使用的方法。它通常是通过一套系统的测验题目，测量被试某一方面的能力水平，并以定量的形式表示测量的结果。能力测验主要有一般能力测验、特殊能力测验和创造力测验。

（1）一般能力测验。一般能力测验即智力测验。最早的智力测验是由 20 世纪初法国心理学家比奈和医生西蒙编制的，称为"比奈－西蒙"智力量表。后经美国斯坦福大学教授推孟的翻译和修订，改名为斯坦福－比奈量表。

下面是斯坦福－比奈量表的部分内容（表 7-1-1）。从表上可以看到，智力测验的项目是按年龄分组编制的，每个年龄组的测验都由 6 个项目组成，项目难度随着年龄的上升逐渐增加。

表 7-1-1　斯坦福－比奈量表举例（1960）

年龄	测验题目
5 岁组	1. 画一张缺腿人的画。 2. 在测验者表演后，将一张方纸折为两层，成为一个三角形。 3. 给下列单词下定义：球、帽子、炉子。 4. 描一个正方形。 5. 辨认两张图片的异同。 6. 将两个三角形组成一个正方形。
6 岁组	1. 词汇：在 45 个词中正确解释 6 个。 2. 区分：说出两物的不同点。 3. 图画补缺：指出画中物体缺少的部分。 4. 数概念：从一堆积木中取出需要的块数。 5. 类比：类似于"夏天热，冬天……"这样的题目。 6. 迷津：用铅笔画出最短通路。

在斯坦福－比奈量表中，推孟首次引用智商的概念来表示智力测量的结果。智商是智力年龄与实际年龄之比，称为比率智商。用公式表示为：智商＝（智力年龄 / 实际年龄）×100。

在测量人的智力时，首先要计算出人的智力年龄即智龄。智龄是通过某一年龄组的测验项目来确定的。从公式中可以看出，智力年龄越大于实际年龄，智商就越高，反之，智商就越低。例如，假设儿童甲和儿童乙的实际年龄都是 6 岁，甲通过了 6 岁组的 6 个项目，其智商 IQ=6/6×100=100，表示甲的智力水平与实际年龄相当，智力属于中等水平；而乙不仅通过了 6 岁组的所有项目，而且还通过了 7 岁和 8 岁组的全部项目，其智商 IQ=8/6×100=133，表示乙的智力优秀，高于儿童甲。

用比率智商表示人的智力水平有一定的局限性。当个体发展到一定年龄，智力可能不再增长，即智商中分子（智力年龄）不再变化，而分母（实足年龄）仍然增长。在这种情况下，按上述公式测得的智商与智力的实际发展水平不相符合，将出现年龄越大，智力越下降。为了避免比率智商的不足，后来发展起来的韦克斯勒智力量表放弃了智力年龄的概念，改用离差智商来衡量人们的智力水平。离差智商的依据是人群总体的智力水平呈正态分布，每一年龄都有一个分数为 100 的平均智商，智商分布的标准差约为 15。这样，一个人的智力得分就可按公式计算。

$$IQ=100+15Z，\quad Z=\frac{X-\overline{X}}{S}$$

Z 代表个体的标准分，X 代表个体测验得分，$\overline{X}$ 代表相应年龄群体的平均分，S 则为群体得分的标准差。假定某个年龄组的平均分数为 70 分，标准差为 10 分。甲生测验得 80 分，他的标准分数即为 +1；乙生得 60 分，他的标准分数即为 −1。代入上述公式或如图 7-1-2 所示，标准分数为 +1 者（即 +1σ），智商是 115，说明他的智力比 84% 的同龄人要高；标准分数为 −1 者（即 −1σ），智商是 85，说明其智力比 16% 的同龄人高而低于一般人的水平。因此，离差智商就是根据同年龄的被试在总体中的相对位置计算出来的智商，也就是根据标准分数计算出来的智商。

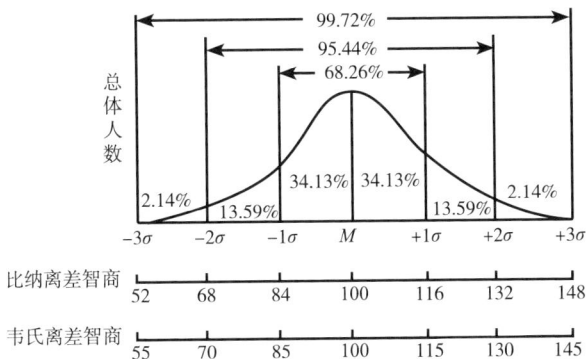

图 7-1-2　离差之上的正态分布

离差智商反应一个人在同龄人中智力所处的位置，不受个体年龄增长的影响。韦氏量表包含了言语和操作两个分量表，可分别测量个体的言语能力和操作能力（表 7-1-2）。

表 7-1-2　韦氏儿童智力量表举例

言语量表	操作量表
1. 常识 包括一系列估计儿童有机会获得的广泛的知识范围内的问题。例如，"谁发现了美洲？"	1. 填图 呈现缺少了一部分的图片，让儿童指出缺了的部分的名称。例如，一只猫的胡须。
2. 理解 是一些儿童必须解释在一定情况下应当做什么以及为什么这些活动是这样做的，等等。	2. 图片排列 展示几套图片给儿童，让儿童按正确顺序排列并说出一个故事。
3. 心算 不用纸或铅笔而解决简单的、口述的算术问题。	3. 积木图案 呈现一套有红边、白边和红白边的积木，儿童的任务是按照主试所演示的图样拼成相同的样子。
4. 找出事物的相似点 例如，"一架钢琴与一个小提琴在哪些方面是相似的？"	4. 物体装配（又名图像组合） 将拼图小板拼成一个物体，如人手、半身像等。
5. 词汇解释 把难度逐渐增加的词说给儿童听、写给儿童看，要他说出每个词汇的意义。	5. 代码配对（又名译码） 代码替换测验，要求儿童用数字与其中的符号配对。将每个数字与不同的符号连在一起，然后在某个数字的空格内填上正确的符号。
6. 数字广度（又名背数） 要求儿童对主试呈现的数字表进行复述（包括顺次复述以及倒序复述）。例如，按次序复述以下的数字：1、3、5、7、5；倒数以下的数字5、8、2、4、9、6。	6. 迷宫（迷津） 呈现 8 个印好的迷宫，要求儿童用铅笔追索正确的出口。

（2）特殊能力测验。随着社会的发展，劳动分工日益细密化，智力测验提供的对人的一般能力的了解，已经远远跟不上实际需要了，不同的实践领域需要了解人们的特殊能力。为了测定从事某种专业活动的能力，特殊能力的测验便应运而生了。特殊能力测验主要是测量个体某方面特有的潜在能力，如音乐能力测验、美术能力测验、数学能力测验、运动能力测验以及飞行能力测验等。例如，通过测定一个人对音调、音高、和谐、节奏的感受性与分辨力，可以了解其音乐

能力。运动能力的测量是从运动的精确性和速度、完成活动的灵活性、视觉和运动的协调性等方面设计测验。

特殊能力测验针对性较强，对指导职业定向、人员安置和选拔以及发现具有特殊能力的儿童等都有重要作用。

（3）创造力测验。越来越多的研究表明，智力和创造力之间是一种非线性的关系。人们逐渐改变那种认为高智力是与高创造力相伴随的观点，并且编制了创造力测验以便单独探讨创造力的培养。

创造力测验与智力测验有很大的差别。智力测验是由一般常识性的，并且有固定答案的问题构成的，测量结果主要反映个人的观察、记忆、理解和推理能力。而创造力测验着重测量未知的、新颖独特的答案与解决问题的方式，更强调思维的灵活性、独特性和流畅性，也就是重视发散思维、创造性思维。

目前国外著名的创造力测验有以下几种。

南加利福尼亚大学创造力测验。该测验由 14 个分测验组成：语词流畅性、观念流畅性、联系流畅性、表达流畅性、非常用途、解释比喻、用途测验、故事命名、事件后果的估计、职业象征、作图、略图、火柴问题和装饰。测验结果能够给出被试创造力的三个分数，即流畅性、变通性和独创性分数。该测验适合初中水平的学生使用。

托兰斯创造性思维测验由 12 个分测验构成三套创造力量表：语词创造力量表、图形创造力量表和语词声音创造力量表。测验结果能够给出被试创造性思维的三个分数，即流畅性、变通性和独创性分数。该测验适用于从幼儿园儿童到研究生水平的学生。芝加哥大学创造力测验有五项题目：语词联想、用途测验、隐蔽图形、完成寓言和组成问题。测验结果是给出反应数量、新奇性和多样性三个分数。该测验适用于小学高年级至高中阶段的学生。

人的创造力在现代生活中具有重要的意义，"为创造性而教"已经成为学校的主要目标之一。因此创造力的测验也就引起了人们的普遍重视。创造力测验研究虽然取得了一些有价值的研究资料，但是离对人创造行为的预测和控制仍然有一定的距离。

（二）能力测验应具备的条件

能力的测量是一项十分严肃而复杂的工作，为了使测验结果可靠和有效，测验的编制、实施、评分及对分数的解释，都必须遵循严格的程序，否则会产生不良的后果。

1. 效度

效度是指测验准确地测量出所要测量的东西的程度，即测量结果与测量目标的符合程度。效度是一个测量工具必备的重要条件。如果一个测量工具不能测出所要测量的东西，这个测量就是无价值的。例如，测量学生的数学能力只能通过学生解决数学问题来测量，而不能通过学生的头围或英语试卷来测量。

2. 信度

信度是多次测量结果的一致性程度，也称为可靠度。信度反映测量工具的稳定性与可靠性，如一个测量对同一个人施测多次，多次测量的结果基本相同，则可认为该测量信度较高。反之，每次测量的结果不同，则可说明该测量信度低。

信度与效度的关系非常密切。信度不高的测量肯定是无效的，信度高的测量不一定效度高，而效度高的测量必须要求信度高。信度是效度必要的而非充分的条件。

3. 常模

常模就是解释测量结果的统一标准与依据。一个人能力测验的得分是高还是低，要与常模相比较来确定其意义。通常是用平均数（M）和标准差（S）作常模。平均数以上 1 个标准差为能力偏高，平均数以下 1 个标准差为能力偏低。常模是不固定的，在测量时要考虑常模的时间性和空间性。

4. 标准化

为了使能力测验能够得到预期的信度和效度指标，需要对能力测验进行标准化，使测验的编制、施测和评分过程都有统一的标准。测验中应做到以下几点。

（1）内容标准化。对受测者施测相同的或等值的题目。内容不同，所得结果无法比较。

（2）施测过程标准化。让受测者在相同环境下完成测验。要有统一的指导语、时间限制和相关情境的要求。

（3）评分标准化。评分的标准要客观，否则不能把分数的差异完全归因于受测者的个体差异。

（4）解释标准化。同样的得分，若没有统一的解释方法，将会造成结果的混乱。大多数测验通常使用常模作为解释分数的依据。

六、影响能力形成的因素

人的能力是在遗传素质的基础上，通过环境与教育的作用，在学习与实践活动中逐步形成的。能力是多种因素交织在一起相互作用的结果。

（一）先天素质

先天素质是人们与生俱来的解剖生理特点，包括感觉器官、运动器官以及神经系统和脑的特点。先天素质是能力形成和发展的自然前提和物质基础。离开这个基础，能力就无从产生和发展。例如，脑发育不全的人，相应能力的发展会受到很大的影响。

神经系统是先天素质的重要组成部分，人的能力与神经系统的特性（强度、平衡性、灵活性）有关。例如，人的注意力集中的程度与持续的时间受神经系统强度的影响，注意的分配受神经系统平衡性的影响，神经系统的灵活性不仅影响知觉的广度，而且对人的适应能力、社交能力都有很大的影响。

关于双生子的研究，也从另一个角度说明了先天素质对能力发展的影响。有学者通过研究证明同卵双生子无论是一起生活还是分开生活，其智商的相关系数都较高，即使是分开生活的同卵双生子，智商的相关系数也比在一起生活的异卵双生子的相关系数高得多。其中的缘由只能用同卵双生子更多先天素质上的相同性来解释。

造成儿童智力落后的原因是多方面的，其中有些与先天性因素有关。在先天性因素中既有遗传因素，也有非遗传因素。例如，先天愚型、苯丙酮尿症、半乳糖血症等遗传性疾病以及孕妇妊娠期间病毒感染、药物过敏、酒精中毒等非遗传疾病都会不同程度影响儿童智力的发展。

总之，先天素质对能力发展的作用是毫无疑问的，但先天素质不等于能力本身。先天素质只能为能力的形成和发展提供一种可能性，并不能完全决定能力的发展。

（二）早期经验

人的能力发展的速度是不均衡的，在早期阶段所获得的经验，促使能力发展得最快。不少人把学龄前称为智力发展的一个关键时期。美国心理学家布鲁姆在总结前人及自己研究成果的基础上，提出一个重要假设，把 4 岁前视为智力发展最迅速时期。布鲁姆认为，如果把 17 岁的智力水平视为 100%，那么从出生到 4 岁就获得 50% 的智力，其余 30% 是 4 岁到 8 岁获得的，另外 20% 是 8 岁到 17 岁获得的。

另外，许多研究也证实，婴幼儿的早期经验，对儿童心理的发展有很大的影响。一般来说，丰富的刺激有益于儿童感知能力的发展，与成人交往频繁则有利于儿童言语的发展；相反，交往机会太少，言语发展就缓慢。如果完全隔离失去交往机会，则心理发展会受到严重障碍，"狼孩"及被遗弃的"野童"就是典型事例。对于智力低常儿童，早发现、早治疗的效果要好。

儿童心理学的研究表明，婴幼儿是对周围世界积极的探索者，有相当惊人的反应和学习能力。有学者对 4000 名幼儿进行 20 分钟的识字、阅读教学研究，结果证实大量正常的普通幼儿都能成功地学习识字和阅读，而且对视力和其他身心方面没有不良影响。苏联早在 1961 年起，就在几百所幼儿园里实验从 5 岁（甚至 4 岁）起就教授一门外语，结果这些儿童在一年内大约掌握了 150～200 个单词和 100 个典型句子。

早期教育和神经系统的成熟与发展有密切关系。儿童出生后神经细胞急剧地在适应环境过程中生出分枝（树状突起）；140 亿～160 亿个神经细胞的 70%～80% 在 3 岁前形成；5 岁前大脑神经细胞绝大部分已形成，大脑的语言、音感和记忆细胞及各种主要机能特征已趋完善。因此，儿童的智力有很大潜力，有接受早期教育的可能。而且，学习并不需要完全成熟的神经系统和大脑，相反，神经系统和大脑正是在活动和学习过程中逐步发展和成熟起来的。

（三）环境与教育

先天素质为能力的发展提供了可能性，而环境和教育能够使可能性变为现实性，其中教育对能力的发展起主导作用。

学校教育对能力的形成和发展所起的作用是系统性的。学生通过系统地接受教育，不仅掌握了必备的知识技能，而且能力也不断得到了发展。例如，教师在运用分析和概括的方法讲授课程内容时，学生不仅获得有关的知识，也学习和掌握了把这种方法作为思维的手段，如果把这种外部的教学方法和学习方法逐渐转化为内部概括的思维操作，则这方面的能力便形成起来了。又如，拼音教学法和偏旁归类教学法，为汉字教学提供了很大的方便，同时也培养和训练了儿童归纳分类的思维能力。

教学方法是过河的桥梁，良好的教学方法可以把普通儿童甚至低常儿童塑造成才。模范班主任刘纯朴用"动之以情，晓之以理"的方法，使一个比较后进的学生，成为有特殊数学才能的学生。苏联 A.H. 列昂节夫采用特殊的方法训练，使那些缺乏音乐才能的儿童，形成了音乐听觉。

（四）实践活动

人的各种能力是在社会实践活动中最终形成和发展起来的。先天素质为人能力的形成与发展提供了可能性，环境因素尤其是教育对能力的形成和发展起决定作用，而这一决定作用必须通过个体的实践活动才能得以实现。高尔基的聪明才智是在社会实践中形成的，他很自豪地把社会实践命名为"我的大学"。

此外，不同的工作环境、不同的实践活动，促使人们形成和发展着不同的能力。例如，炼钢工人辨别火焰颜色的能力要比一般人高得多；对微小音高差别的分辨能力，弦乐师要比钢琴家高得多；画家对亮度比值评定的准确性比一般人高45 倍；品尝师的味觉、嗅觉分辨制品品种和质量等级的能力是一般人无法相比的。同样，教师的教学能力是在教学活动中形成和发展的；学生的自学能力是在学习活动中形成和发展的；领导干部的组织能力也是在长期的社会实践中形成和发展的。长年累月参加某种社会实践，相应的能力就能得到高度的发展。

（五）个人的努力

先天素质不会自动地形成人的能力，环境和教育的影响也不会机械、被动地为人所接受。外因必须通过内因起作用，客观条件的影响只有通过个人的主观努力才能发挥作用。能力是否能获得较快和较大的增长，与个体努力程度的大小分不开。一个人如果积极上进，勤奋努力，有强烈的求知欲，其能力就会得到积极的发展。相反，一个人如果不思进取，散漫懒惰，对从事的工作缺乏兴趣，其能力就不会得到很好的发展。

爱因斯坦在向别人介绍自己的成功经验时写下了一个公式：A=X+Y+Z，A代表成功，X代表艰苦的劳动，Y代表正确的方法，Z代表少说空话。马克思为写《资本论》曾不顾疾病，克服重重困难，极其劳苦地奋斗40年之久，仔细钻研和做过摘要的书籍达1500多种，为写该书前两章，他曾从各种书籍作摘录200处以上，为了写英国劳动法20多页的文章，他查阅了美国博物馆整个图书馆里凡载有英国调查委员会和工厂视察员的蓝皮书。

尽管这些有成就的人工作的领域有很大的不同，但他们获得成功的途径却有相同之处，都经过了长期的刻苦努力、顽强地与困难作斗争的过程。没有勤奋的态度，没有顽强的意志，任何成就都不能取得，能力的发展也无从谈起。

此外，个人的理想、信念、兴趣、动机、情感、意志以及良好的性格特征等心理因素对能力的发展也有一定的影响。

七、能力的培养

人的能力与先天素质有关，但人能力的形成与发展在很大程度上受教育和环境的影响。人的能力发展是有规律可循的，家庭和学校依据能力发展的规律来培养学生的能力，将能最大程度地促进他们能力的发展。

（一）正确进行早期教育

大量的研究和实践都证明，人的能力发展速度是不平衡的，早期的经验是非常关键的，对发展起着极其重要的作用。因此，抓紧早期教育、正确进行早期教育对促进儿童能力的发展有着重要的意义。

目前早期教育的实施还存在着一些误区，如认为早期教育就是要及早对儿童进行正规的、系统的学科知识教育；一些幼儿园特别是农村幼儿园出现了幼儿教育小学化；一些家长强迫幼儿学习小学的语文和数学，坚信"不要让孩子输在起跑线上"；等等。其实，早期教育对学前儿童来说，目的是发展他们的注意力、观察力，提高认识事物的兴趣，培养乐观、自信、活泼开朗的性格特征，以便为以后接受正规、系统的教育教学打下良好的心理基础。因而，教师和家长要有正确的儿童观、教育观，早期教育的内容和方法要适应儿童身心发展的特点。例如，早期是儿童语言和感知的最佳时期，在家庭、托幼机构可采取看图讲故事、表演游戏、郊游、参观等各种适当的方式，使儿童接触丰富多彩的事物，促进儿童语言和观察能力的发展。早期教育的方法应以游戏为主，寓教于乐，这样既不会剥夺他们的玩乐时间，又可提高兴趣和积极性。

另外，家庭和托幼机构还应该给幼儿创造一个良好的心理环境，给他们以尊重、赞许、欣赏、爱、安全和温暖，并提供良好的榜样。在让幼儿掌握简单的知识、技能的同时，还应给以行为规范和生活能力的指导。家庭和托幼机构要履行好各自的职能，两者要相互补充，避免相互代替。

（二）加强知识、技能的学习与训练

能力与知识、技能的关系告诉我们，能力是在掌握和运用知识、技能的过程中得到发展的。因此，在教学过程中教师首先要重视学生基础知识的学习。例如，在语文教学中，使学生通过听、说、读、写等的练习，培养学生的记忆能力、语言表达能力、理解阅读能力、材料组织与分析能力、写作能力及元认知能力；通过数学、物理、化学知识的教学，培养学生的计算能力、判断能力、空间想象能力、推理能力、归纳与概括能力。其次，丰富学生的知识结构，加强知识之间的联系。要注意开阔学生的视野，拓宽学生的知识而；在讲清基本概念、规则的基础上，加强概念、规则之间的联系，提高学生知识结构的可利用性、可辨别性，促进学生学习迁移的产生。最后，重视学生智力技能训练。专家解决问题的能力比新手强和有效，这与他们头脑中的知识组块、所具有的智力技能有很大的关系。由此，教师要善于指导学生进行多种形式的练习，使学生形成各种智力技能，进而促进

学生概括能力、分析能力以及问题解决能力的发展。

（三）开展丰富多彩的课外实践活动

大量的事实证明，能力是在实践活动中形成和发展起来的，参加的实践活动不同，能力的发展有别。学校、家庭组织学生参加课外实践活动，是发展学生能力的又一重要途径。健康、丰富的课外活动，有着广泛的内容和多彩的形式，能为不同的个体提供适合的气候和土壤，有助于培养学生广泛的兴趣，同时学生的观察、思维、想象、创造能力以及人际交往、组织能力也会得到发展，而且不同兴趣的养成又有利于特殊能力的培养和专门人才的发现。根据学生的年龄特点，组织开展如游戏、棋艺、球类、航模、科技、文艺、社会实践、志愿服务、社团等活动，可以调节学生的生活，增强其体质，陶冶其情操；可以扩大学生的视野，有利于拓宽学生的知识面，巩固、扩展课堂上学习的知识；可以培养学生勇敢、团结、互助的品质以及坚韧的性格和顽强的毅力；可以提供人际交往的机会，增强学生适应社会的能力，促进学生的社会化；也可以发展学生思路敏捷、判断准确、反应灵活等智力品质。有些活动让学生自己组织、自己设计、自己操作，有利于培养学生的组织能力和创造能力。学生通过独立活动，向众人展示自己的才能、成就，可以产生成功的体验，从而进一步增强信心，使其积极性、创造性得到更充分的发挥。

（四）根据学生能力的差异因材施教，发挥学生的主动性

由于先天素质以及后天环境教育的不同，学生的能力在发展水平、结构、快慢上是有差异的。在我国，学校多实行班级授课制，并按照年龄来编班，同一个班级里的学生年龄相同，但能力发展水平不同。教师如果对能力有差异的学生采用同样的教学方法、教授同样的内容、要求达到同样的目标，那么，能力强、智力水平高的学生，就难以充分发挥他们的潜能；而能力差、智力水平低的学生，则可能会跟不上进度，达不到要求，在学习上屡遭失败而失去信心。至于大多数中等生，也各有自己的特点。因此，在班级教学中，教师要尽可能地适应学生的差异，贯彻统一要求与个别教学相结合的原则，实行"抓两头，带中间"的因材施教方针。

对于能力水平较高的学生，教师要提供较难的学习任务，为他们学习"开小灶"。对有特殊才能的学生要给予特殊条件进行培养。同时要防止他们产生优越感，重视培养合作精神、助人为乐的品格。对于智力水平不差，但学习成绩不好的学生，教师要发现他们各自的特点，并针对他们的特点从端正学习态度和养成良好学习习惯入手，使他们形成良好的个性品质。对于能力水平较弱的学生，不要歧视和忽视他们，教师应给予他们耐心的指导，教给他们正确的学习方法，扬长补短，帮助他们理解和掌握重点、难点。教师要善于发现他们的闪光点，及时强化，增强学习的信心。

（五）重视培养学生的非智力因素

非智力因素是指智力以外的心理因素，如动机、需要、兴趣、情感、意志、理想、信念等。学生能力的发展，不仅有智力因素的参与，非智力因素的作用也很重要。许多学者和有成就的人指出，人的智慧同坚强的信念、崇高的理想联系在一起。理想和信念、需要和动机会成为人能力发展的动力；兴趣爱好、情绪情感会促使人努力探索实践；自觉、坚定的意志品质会让人不断克服困难，不断进取，此过程中个人的能力也可得到发展。国外有针对超常儿童长达30年的追踪研究，在800名男生中，将其中20%成就最大的与20%成就最小的比较，结果发现两者差别最大的是个性品质的不同，其中情感、意志、兴趣、性格等非智力因素是影响两组人能力发展的重要条件。中国也有"勤能补拙""笨鸟先飞"的说法。因此，作为教师，要善于培养和激发学生的非智力因素，具体说来就是要善于对学生进行立志的教育，激发学生正确的学习动机，培养他们浓厚的学习兴趣、真挚的情感、坚强的意志以及良好的性格特征。

第二节　气质对生活、教育的意义

气质一词源于希腊语，意指混合，按适当比例把原料因素配合在一起，后来气质被用来描述人们情绪与行为的兴奋、忧喜等心理特点。

气质这一概念与我们平常说的禀性、性情和脾气相近似。在日常生活中，我们可以看到，有的人总是活泼好动，反应灵活；有的人总是安静稳重；反应缓慢；有的人不论做什么事总显得十分急躁；有的人情绪总是那么细腻深刻。人与人之间在这些心理特性等方面的差异，就是气质特征的差异。

气质是不以人的活动目的和内容为转移的，受高级神经活动类型制约的，典型的、稳定的动力性方面的个性心理特征。气质的这一定义包含有如下几方面的内容与特点。

一、气质的动力特征

所谓心理活动的动力特征，是指心理过程的强度（如情绪体验的强度、意志努力的程度）、速度和稳定性、灵活性（如知觉的速度、思维的灵活程度、注意力集中时间的长短），以及指向性特点（有的人倾向于外部事物，从外界获得新印象；有的人倾向于内心世界，经常体验自己的情绪，分析自己的思想和印象）等方面在行为上的表现。气质不仅表现在情绪活动中（如冯特就是持这种观点），而且也表现在包括智力活动等各种心理活动中。具有某种气质类型的人，常常在内容很不相同的活动中都显示出同样性质的动力特点。具有不同气质类型的人，常常在内容很相同的活动中都显示出不同性质的动力特点。有的人性情急躁，易动肝火，遇事不加思考而大发脾气；有的人处理事情冷静沉着，不轻易发脾气；有的人动作伶俐，言语迅速而有力量，易适应变化了的环境；有的人行动缓慢，言语乏力。这些心理活动的动力特征，给个体的心理活动涂上了一层色彩，体现了人的气质特点。

当然，心理活动动力性特征的表现并不都属于气质特征。任何人无论有什么样的气质特征，当他遇到能使他产生愉快的事情时，总会精神振奋，情绪高涨，干劲倍增；反之，遇到不幸的事则会精神不振，情绪低落。这种与活动内容、目的和动机相关联的心理活动的动力性表现则不属于气质特征，因为气质更多地受个体生物组织制约。

二、气质的天赋性

气质在个体刚刚出生就有所表现，具有明显的天赋性。新生儿，有的喜吵闹，好动，不认生；有的比较平稳、安静，害怕生人。这些差异是受从胎儿发展起来的个体生物组织（即高级神经活动类型）制约的。这种先天的生理机制构成了个体气质的最初基础，在儿童后来的游戏、作业和交往活动中表现出来。同时，由于成熟和环境的影响，在个体生长发育过程中气质也会发生改变。美国生理学家盖赛尔观察新生儿在运动中的敏捷性、反应性以及是否容易产生微笑等表现时发现，不同儿童有个体差异。

在研究中也发现，气质特性和遗传也有关系。同卵双生儿要比异卵双生儿在气质特点上有更多的相似。即使把同卵双生儿和异卵双生儿分别放在两种不同的生活环境和教育条件下培养，他们仍然保持原来的气质特点，变化不大。

三、气质的稳定性和可塑性

气质是个性心理结构的一种特性。由于气质依赖于生物组织而存在，它虽然在生活进程中能发生某些变化，但和其他个性心理特征，如活动动机和兴趣等个性倾向性相比，它的变化是缓慢的，俗语所说"禀性难移"，即指气质具有稳定、不易改变的特点。

气质虽受个体生物组织制约，具有稳定性，但它又不是固定不变的。在生活和教育以及实践活动中形成的各种个性特征，会对气质的变化产生影响。即后天获得的暂时联系系统，可以掩盖神经系统的特性，并可以在长期影响下得到发展和改造。从这种意义上说，人的气质也是在社会生活与教育条件影响下得到发展和改造的。

从一个实验观察实例可以说明气质被掩蔽和改造的事实。一个中学的女学生，在学校里表现的是胆怯、孤僻、羞涩、烦恼和爱哭，从神经系统类型看，属于弱型，在气质上是抑郁质类型。经过实验者与学校工作的配合，对她进行专门工作，引导她积极参加集体活动，委托她担负一些重要任务。经过较长期的教育和锻炼，这个女孩子胆怯、怕羞、孤僻等特征消失了，显现出主动性、独立性和不怕困难的特点。

气质既然是可以变化的，就要求教育工作者有效地掌握学生的气质特点，以便促进他们良好的个性特征。

四、气质的类型

依据气质的心理与行为特性在人身上的表现所划分的类型称为气质类型。它是在某一类人身上共有的或相似的特征的有规律的结合，也是心理特性的神经系统基本特征的典型结合。

气质是古老的概念。早在古希腊医学家恩培多克勒（Empedocles，约公元前483—前423）的"四根说"中就已经具有了气质和神经类型学说的萌芽。恩培多克勒认为，人的身体由四根（土、水、火、空气）构成。他还认为，人的心理特性依赖身体的特殊构造；各人心理上的不同是由于身体上四根配合比例的不同。演说家是舌头的四根配合最好的人，艺术家是手的四根配合最好的人。这可以说是后来的气质概念的萌芽。

古希腊的学者兼医生希波克拉底（Hippocrutes，公元前460—前377）提出了关于气质的概念。罗马医生、解剖学家重伦把气质分为十三类，后来被古代医学界逐渐简化为四类，即多血质、胆汁质、黏液质和抑郁质。这四种类型的各自特征如下。

多血质的人具有反应迅速，情绪发生快而多变。动作敏捷，有明气，活泼好动，喜欢与人交往，注意容易转移，兴趣易变化等特征。

胆汁质的人具有精力旺盛、坦率、刚直、情绪易于冲动的特征。他们的心理过程和活动都笼罩着迅速而突发的色彩。

黏液质的人具有稳重、安静、踏实、反应迟缓、情绪不易外露、注意稳定但不易转移、忍耐力强等特征。

抑郁质的人情感体验深刻、善于察觉细节、外表温柔、怯懦、孤独、行动缓慢，但对事物的反应有较高的敏感性等特征。

上述四种气质类型及其表现特点曾被许多学者所承认，并一直沿用到现在。德国心理学家冯特根据情绪情感反应的强弱与变化快慢，也曾经将气质分为感情反应强而变化快的胆汁质；感情反应弱而变化快的多血质；感情反应强而变化慢的抑郁质；感情反应弱而变化慢的黏液质。

目前，根据已有的研究，构成不同气质类型的心理特性有如下几种。

（1）感受性，即对刺激的感觉能力，是神经系统强度特性的表现；

（2）耐受性，是对刺激在时间与强度方面的耐受程度，也是神经系统强度特性的表现；

（3）反映的敏捷性，即心理活动的速度与灵活性（含思维、记忆、注意、动作等的灵活性）；

（4）不随意的反应性，也是神经过程灵活的表现；

（5）可塑性与刻板性；

（6）情绪兴奋性，是情绪的强度、平衡、外露的表现；

（7）外倾性与内倾性。

由上述心理特性构成的气质的心理特征类型如表 7-2-1 所示。

表 7-2-1　气质的心理特征类型

气质类型	感受性	耐受性	反应敏捷性	不随意反应性	可塑性	情绪兴奋性	外倾性与内倾性
多血质	低	高	快	快	可塑	高而不强	外倾
胆汁质	低	高	快	快	不稳定	低而不强	外倾明显
黏液质	低	高	快	迟缓	稳定	低而不强	内倾
抑郁质	高	低	慢	慢	刻板	高而体验深刻	严重内倾

当然，在心理学史上，除了气质类型的四分法外，还有其他分类法，这里就不一一列举了。

五、气质的决定性

了解气质的实质和气质类型，对于各种实践领域，尤其是教育工作具有重要意义。

在同一生活实践领域内可以找出不同气质类型的代表；在不同生活实践领域内的杰出人物中，也可以找出相同气质类型的代表。研究发现，俄国著名的文学家普希金属于胆汁质类型，赫尔岑属于多血质类型，克雷洛夫属于黏液质类型，果戈理属于抑郁质类型。他们虽属不同类型，但都在文学领域内取得了杰出成就。达尔文和果戈理一样同属于抑郁质类型，但他们都在自己的专业领域获得了伟大成就。

我们说气质在人的实践活动中不起决定作用，但不等于说它在各个实践领域中毫无影响，气质既可影响活动进行的方式，也可影响工作效率，对人的身心健康也有一定影响。

六、气质对人的身心健康的影响

很早就有许多医生和心理学家注意到气质和人的身心健康的关系。

德国精神病学家克瑞奇米尔在他的临床实践中发现气质对精神病患者的影响，试图从气质类型中找出精神病的根源，并且针对患者的气质特点采取不同的施治办法。这对有效地治愈病人起了一定的作用。

美国的两个医生曾对毕业于某医学院的学生进行了 30 年的跟踪实验。他们把这些学员分成安静的 α 型、开朗的 β 型和易怒的 γ 型。经过观察发现，γ 型学生有 77.3% 患上了癌症、高血压、心血管病、良性瘤和情绪烦躁等病症，而 β 型和 α 型学生中患有各种病症的只分别占 25% 和 26.7%。从上面情况可以看到，气质特征与某些疾病的发病率有很大关系。

近一个时期，美国的一些科学家从心理特征方面研究 A 型气质的人。他们具有不安定性、缺乏泰然自若的态度、不善于适应环境、性急、争强好胜、易动肝火、受懊恼情绪纠缠、经常处在紧张状态之中，这些特征恰恰是某些疾病的诱因。在美国全国心、肺和血液研究所召开的一次会议上，许多科学家认为，A 型心理是引起心脏病的重要因素。因为 A 型的人具有典型的紧迫感，它可以使人的血脂增高，促使血栓形成，血压也会增高。

根据该研究所的调查，具有 A 型心理特征的人患心脏病的比例高达 98% 以上。

了解气质特点及对身心的危害，无疑会促使人下决心改变气质中消极方面的特点，把自己培养成具有良好气质的人。

七、气质特征是职业选择的依据之一

研究和实践表明，某些气质特征往往为一个人从事某种工作提供了有利条件。例如，黏液质和抑郁质的人较适合持久而细致的工作。多血质和胆汁质的人对需要迅速、灵活反应的工作较为合适。如果纺织女工属于黏液质者，由于她的注意力稳定，在工作中很少分心，这为及时发现断头故障提供了有利条件，但她们也要克服注意不易转移的弱点。只有这样，才能在操作中较顺利地从一台机床转移到另一台机床。属于活泼型的纺织女工，由于她们的注意易于转移，因而有助于她们较容易地从一台机床转向另一台机床，但她们必须控制注意易于分散的缺陷。

有一些职业对人的气质特征有特殊要求，不符合这些要求的人很难有效胜任该工作。例如，宇航员需要具备很强的耐力、良好的抗压能力以及极其灵敏的反应，不具备这些特征的人就不能从事宇航员这份工作。

根据上述情况，在挑选培训职工时应该测定气质特征，尤其对从事某种特殊职业的人更有必要。

八、气质在教育工作中的意义

教育工作者掌握有关气质方面的知识，有助于对学生气质类型特征的了解，能有效地组织教育和教学工作。

（一）善于区分和正确对待学生气质类型的特点

不能笼统地认为某种气质类型好，某种气质类型不好，任何气质类型都存在着有利于形成积极或消极的性格特点。作为教育工作者，要善于区分和正确对待学生气质类型的特征，引导发展其积极品质，克服其消极品质。例如，胆汁质的学生，容易具有热情、开朗、刚强、果敢、坦率等品质，但也容易出现暴躁、任性、感情用事等缺点；多血质的人，容易形成有朝气、热情、活泼、爱交际、有同情心、思想灵活等品质，但也容易出现变化无常、粗枝大叶、浮躁、缺乏一贯性的缺点；黏液质的学生，容易养成自制、镇静、踏实等品质，但也容易形成冷淡、迟缓、固执、淡漠等缺点；抑郁质的学生，容易形成思想敏锐、多愁善感、想象力丰富、情感深刻等品质，但也容易形成多疑、孤僻、忧闷、怯懦等缺点。教师掌握这种特点就可以有针对性地进行教育。

（二）针对学生气质类型特点，因材施教

气质并不是一朝一夕可以改变的，因此教师要根据气质的特点，采取适合

学生气质类型特点的教育方法，这会使工作收到良好的效果。例如，对于胆汁质的学生尽量避免激怒他们，要教育、锻炼他们约束自己的任性行为，引导发扬其坦率、刚强、勇敢等品质。对多血质的学生要求他们在做事时注意克服粗枝大叶和变化无常等毛病，引导发扬其热情、活泼、富有同情心等品质。对黏液质的学生进行教育和提出要求时，要让他们有充分考虑的时间，激发他们对工作、对他人的热情，多给予他们集体活动的锻炼机会。对于抑郁质的学生，要给予更多的体贴和照顾，避免在公开场合指责他们，尽量鼓励他们做事的勇气和前进的信心。

（三）教育学生善于认识并能控制自己的气质特点

学会掌握和控制自己的气质，是培养自己良好个性的重要条件。如果教会学生经常有意识地控制自己气质中的消极品质，发扬积极品质，将有利于形成良好的个性。相反，如果不能控制和掌握自己的气质特点，而让气质支配自己的行为，那么，任何一种气质类型都有发展成不良个性的可能。因此，教师应该教育学生善于分析和认识自己气质的优缺点，做自己气质的主人。

当然，人的整个行为不取决于气质，而是取决于在特定社会环境和教育影响下形成的动机和态度。但气质在人的实践活动中也具有一定意义，是人个性中的一个重要侧面，也是必须予以重视的重要因素。

第三节　性格的形成与培养

一、性格的含义

性格是指与社会道德评价相联系的人格特质，表现为个人的品行道德和行为风格。性格是人格结构中的重要组成部分，是个人有关社会规范、伦理道德方面的各种习性的总称。

性格是后天形成的品格，是受到家庭、学校和社会环境的影响而形成的稳定的态度以及习惯化了的行为方式。例如，诚实或虚伪、勇敢或胆怯、谦虚或骄傲、勤劳或懒惰、果断或优柔寡断等都是性格特征，它是由一个人的许多性格特征组成的综合统一体。

性格特征表现在人对现实的态度与行为方式之中。人对现实的态度和与之相应的行为方式的独特结合，构成了一个人区别于他人的独特性格，性格主要表现在"做什么"和"怎样做"这两个方面。"做什么"反映了一个人对现实的态度，表明个体追求什么、喜欢什么和拒绝什么；"怎样做"反映了个体的行为方式和特点，表明了一个人如何去追求自己想要的东西，以及如何拒绝自己不需要的东西。因此，人对现实的稳定态度决定着他的行为方式，而习惯化了的行为方式又体现了个体对现实的稳定态度，两者有机地统一在心理特征之中。

性格是个人后天形成的道德行为特征，具有稳定性，但是又具有一定可塑性。性格是在人的社会实践活动中，在与现实环境相互作用的过程中形成与发展起来的。客观事物的各种影响通过个体的心理活动在其反映结构中保存、固定下来，从而构成了一定的态度体系，并以一定形式在自己的行为活动中表现出来而形成了个体特有的行为方式。

二、性格和气质的关系

性格与气质相互制约、相互影响，在现实生活中，人们经常会把两者加以混淆，有时把气质视为性格，有时又把性格看成气质。例如，经常可以听到描述某人的性格特征是活泼好动，某人的性子很慢或很急，其实这都是气质的特征。性格与气质既有区别又有联系。

（一）性格与气质的区别

首先，气质具有先天特点，它更多地受到人的高级神经活动类型的影响，主要是在人的情绪与行为活动中表现出来的动力特征（即强度和速度等）。性格主要是指个体行为的内容，是在后天形成的，更多地受到社会生活条件的影响和制约，是人的态度体系和行为方式相结合而表现出来的、具有核心意义的心理特征。

其次，气质无好坏之分，而性格则有优劣之别。气质表现的范围狭窄，局限于心理活动的强度、速度、指向性等方面，因此可塑性极弱，变化很慢。而性格表现的范围广泛，几乎囊括了人的社会生活各方面的心理特点，具有社会道德含义，可塑性强。

（二）性格与气质的联系

性格和气质是在统一的生活实践中形成的，也是由脑的统一活动实现的，二者的关系十分密切。

首先，气质可以按照自己的动力方式影响性格的表现方式，使性格特征增添一种独特的色彩。例如，同样具有勤劳的性格特征，多血质的人，在劳动中表现得精力充沛、动作敏捷；黏液质的人，则表现为踏实肯干、操作细致。

其次，气质可以影响性格特征形成和发展的速度。例如，对于自制力的形成，胆汁质的人需要经过极大的克制和努力；抑郁质的人则可能比较容易和自然。

最后，性格对气质具有重要的调控作用。由于性格是在社会生活实践过程中所形成的稳定的态度和习惯化的行为方式，因此性格在一定程度上可掩盖或改造气质，使气质的消极因素得以抑制，积极因素得以发展。

三、性格的结构

性格是由许多个别特征所组成的复杂心理结构。由于各性格特征组合的情况及表现形式不同，因而形成了千差万别的性格。性格的结构特征主要表现在以下四个方面。

（一）性格的态度特征

人对现实的态度主要是指对社会、对集体、对他人、对劳动以及对自己的态度。对社会、集体、他人的态度优良的有爱集体、富于同情心、善交际、直率、温文尔雅、公正和诚实等；不良的有孤僻、拘谨或粗暴等；对劳动的态度有勤劳或懒惰、负责细心或粗枝大叶、大胆革新或墨守成规、俭朴或浮华等；对自己的态度有谦逊或自负、自豪或自卑、大方或羞怯等。这类特征多数属于道德品质。

（二）性格的意志特征

一个人的行为方式往往反映了性格的意志特征。属于这类特征的有自觉性、自制性、坚定性、果断性、纪律性、严谨、勇敢，以及相反的如盲目性、依赖性、脆弱性、优柔寡断、冲动、草率、怯懦等。对于人的性格的意志特征，只有和道德品质、活动的社会意义结合起来考虑才能给予正确的评价。

（三）性格的情绪特征

性格的情绪特征指情绪影响人的活动或受人控制时经常表现出来的稳定特点，它主要表现在情绪反应的强弱和快慢、起伏的程度、保持时间的长短、主导心境的性质等方面，如暴躁、温和、乐观、悲观、热情、冷漠等。

（四）性格的理智特征

人的感知、记忆、想象、思维等认知过程方面的个别差异，即认知的态度和活动方式上的差异，称为性格的理智特征。例如，在感知方面有主动观察型、被动感知型、详细分析型、概括型、快速型和精确型等。

性格结构的几个特征不是独立存在的，它们彼此间紧密联系、相互影响，共同构成性格结构的整体。

四、影响性格形成的因素

个人性格的形成受多种因素的影响。人的性格是在与周围环境相互作用的过程中逐渐发展起来的。遗传、环境、成熟和教育都会对性格的形成产生影响，但在性格形成中起主要作用的不是遗传，而是社会实践。

（一）遗传的作用

人的神经系统在性格的形成中有一定作用，但性格受遗传的作用小，它主要是由成长的社会环境决定的。同卵双生子的研究证明，在不同环境下长大的同卵双生子，气质特征非常接近，但性格特征却迥然不同，而且随着他们年龄的增长，分开的时间越长，性格的差别也越大。根据目前的研究结果，只有在某些不正常性格的形成上，才可以较为明显地看到遗传因素的作用。

（二）环境的影响

人经常接触的客观环境包括自然环境和社会环境两个方面。自然环境对人的性格有一定影响，而起决定作用的则是社会环境。

家庭是社会的基本单位。社会上各种关系往往通过家庭影响着儿童，在他们的幼小心灵里打上深深的烙印。在家庭中，父母的责任感和教养态度是影响儿童性格形成的一个非常重要的因素。有责任感的父母能自觉地按照社会的要求来塑造子女的性格，并且创造出良好的条件来促进子女良好性格的发展。相反，那些纵容型的父母，往往忽视对子女性格的培养，或只顾自己的事情，结果使子女从小就在家庭教育这一重要环节上失去接受良好教育的机会，进而对自己的整个成长历程都产生不良的影响。

家庭气氛对子女性格形成的影响也不容忽视。在和睦家庭中成长的孩子，通常性格完善、待人礼貌、诚恳；在严厉家庭中成长的孩子往往胆小怕事、缺乏自信，甚至丧失自尊、自暴自弃。当家庭气氛冷漠、死气沉沉时，儿童会养成待人冷淡、对任何事物都失去兴趣的消极性格。

儿童在家庭中处在什么地位，也会影响他们的性格。例如，父母对待子女不公平时，受偏爱者可能有洋洋得意、高傲的表现；受冷落者则容易有忌妒、自卑等表现。

出生顺序对性格形成也有一定的影响。对长子的社会适应能力的研究发现，长子的性格多偏于保守、进取心较差、缺乏自信、易受人暗示、不善于表达情感、自卑、缺乏安全感。当然，随着独生子女的增多，出生顺序的问题逐渐不存在了。但由于独生子女容易成为人们注意的中心，若家长过于娇生惯养，会使他们养成任性、不关心别人、自私自利等不良性格。

角色的作用也非常重要。苏联心理学家 A.T. 科瓦列夫分析了家庭角色在性格品质形成中的作用。他对两个同卵双生女进行了四年的观察。这对双生女的外貌非常相似，在同一个家庭中长大，从小学到中学，直到大学都在同一个班级读书。她们虽然始终在相同的环境中长大，但在性格上却有明显的差别：姐姐比妹妹善谈吐，好交际，也比较果断和主动；在谈话回答问题时，总是姐姐先说，妹妹只是作补充。后来了解到，姐妹俩在性格上形成这样大差异的原因之一，就是家长一直责成姐姐照顾妹妹，对妹妹的行为负责，并首先完成大人交给的任务。这使姐姐较早地形成了独立、主动、善交际、处理问题果断等特点，而妹妹则养成了行为被动、缺乏主见、好依从于人的性格特征。可见，角色的作用也是重要的。

（三）学校教育的影响

学校教育在儿童性格的形成中有着特殊的地位。学校是通过各种活动有目的、有计划地向学生施加教育的场所。学生在学校不仅掌握一定的科学文化知识，也接受一定的政治和道德教育。

在传授科学知识的过程中，教师要训练学生形成有明确目的的、连续的、有条理的学习作风，激励他们奋发图强，以拼搏精神刻苦学习，在克服困难中培养他们坚毅、顽强的性格特征。学生在班集体中生活，集体的特点、要求、舆论和评价，对学生性格的形成和发展都有具体影响。但不是任何班集体对学生性格的形成都发挥积极作用。教师要为班集体确定正确而又明确的目标；挑选出合适的班干部，组织起领导核心；营造民主氛围，发扬正气，与不良倾向作斗争；对学生严格要求，使学生积极、主动地遵守纪律。只有这样，才能促使班集体的成员形成优良的性格特征。

（四）社会实践对性格形成的作用

人是活动的主体。人的性格不是简单、被动地决定于环境。环境对人性格的影响，需要通过人在环境中的实践活动去实现。因此，对性格起决定作用的不是环境本身，而是人与环境的相互作用。人的性格就是在社会实践活动的过程中与环境发生相互作用而逐渐形成、发展的。人们长期从事的特定职业对其性格的形成和发展也有重要的影响。

五、良好性格的培养

（一）加强教育，以理育性

人的性格是以世界观为核心而形成的一种独特心理结构，其各层次的种种特征都是受世界观所支配的。因此，在性格系统中，世界观是最为重要的。通过思想政治教育不仅要使学生树立正确的道德信念，也要使学生产生遵守这种道德原则的需要，在行动中自觉地接受社会道德原则的指导。在教育过程中，教育内容要健康，要有针对性，并具有说服力；教育的形式要生动、具体、活泼、多样，要适合青少年的特点；教育者要真挚、热情。总之，政治思想教育既要容易为青少年所接受，又要成为他们性格发展的推动力量。

（二）付诸实践，以行育性

在实践活动中，人们适应并改变着环境，同时也改变着自己的性格。因此，社会实践是培养学生接受正确道德原则的指导和使它变为习惯化的行为方式的有效途径。学生的实践活动包括学习活动、课外活动和劳动。学习是学生最主要、最基本的实践活动形式。

课外活动主要包括以下几种。

（1）社会实践活动，如社会调查、参观、访问、社会服务、座谈会、报告会、旅行、夏令营等；

（2）文学艺术活动，如书法、绘画、舞蹈、音乐等；

（3）科学技术活动，如无线电、航模、计算机等；

（4）体育锻炼活动，如武术、体操、围棋、象棋等。

（三）树立榜样，以性育性

家长和教师的率先示范，在培养学生良好性格的方面有着重要作用。他们应该是德才兼备和具有良好性格修养的人，要以身作则，成为学生的表率。此外，教师还应该通过其他宣传教育方式，为学生树立模仿的榜样。据研究，榜样对于学生形成道德行为有显著作用。第一，有启示作用。启示和推动学生从不愿意做好事或未想到做好事，而到主动地去做好事。第二，有控制作用。使学生自觉控制那些不符合榜样标准的想法和行为。第三，有调节作用。当学生正在做好事时，突然出现诱因的干扰，能重新调整行动，坚持把好事做完。第四，有矫正作用，使学生用榜样对照自己，改正缺点。

（四）针对差异，个别指导

青少年不仅存在性格发展的一般特点，也存在个别差异。因此，教师不能只满足于开展集体教育活动，也要开展有针对性的个别施教。

第一，对不同性格类型的学生要个别指导，帮助他们扬弃不符合社会要求的性格品质，激发符合社会要求的性格品质。对于性格上已经形成比较明显不良特征的学生，需要帮助他们明辨是非，培养他们的自制力和克服困难的品质。对比较优秀的学生，也要注意防止他们养成傲慢的性格特征。

第二，根据学生的性格特征，采取灵活多样的方法进行个别施教。如对固执的学生，要使他们认识到固执带来的危害，懂得"兼听则明，偏信则暗"的道理，并使之明白这是性格修养问题，不可忽视。对于具有自卑感的学生，如果发现问题，教师应尽量不用过多的批评语言指责他，而应更多地用婉言规劝的方式热情帮助他，鼓励他进步。学生如有好的表现，就要及时予以表扬，使他看到自己的长处，相信自己的力量，增强自信心，克服自卑感。

参考文献

［1］王申连.描述心理学的心理文化论思想及其效应：兼论心理学与文化的历史关联［J］.华中师范大学学报（人文社会科学版），2022，61（5）：178-188.

［2］张静，孙青青.心理学视角下当代大学生顺 - 逆境观教育现状及路径探究［J］.学校党建与思想教育，2022（18）：64-67.

［3］赵国祥.心理学［M］.北京：高等教育出版社，2011.

［4］董玲，林瑛，喻琳玮.积极心理学理念下个体心理约谈模式的构建［J］.中小学心理健康教育，2022（27）：62-66.

［5］许芳，张楠，朱永虹.马斯洛人本主义心理学在心理健康辅导中的应用［J］.安阳工学院学报，2022，21（5）：90-92.

［6］田倩倩.积极心理学在大学生幸福感教育中的应用分析［J］.山西青年，2022（18）：196-198.

［7］杨惠敏.认知心理学理论在高职英语教学中的应用［J］.黑龙江教师发展学院学报，2022，41（9）：72-74.

［8］彭聃龄.普通心理学［M］.北京：北京师范大学出版社，2009.

［9］王洁.积极心理学视角下高校贫困大学生心理弹性干预系统的构建［J］.才智，2022（27）：96-98.

［10］崔慧慧.积极心理学视角下透析高校职业生涯本土化教育的三重维度［J］.太原城市职业技术学院学报，2022（8）：55-58.

［11］叶奕乾，祝蓓里.心理学［M］.2 版.上海：华东师范大学出版社，2009.

［12］张晓丹，黄小钰，姚本先.高校公共心理学情境教学改革探讨［J］.安徽医专学报，2022，21（4）：101-102+154.

[13] 滕漳红.教育心理学在课堂组织中的影响和作用［J］.公关世界,2022（16）：
     147-149.

[14] 章志光.心理学［M］.北京：人民教育出版社,2002.

[15] 吕晓峰.遵循课程思政内在逻辑　拓宽社会心理学育人路径［N］.中国社
     会科学报,2022-08-18（007）.

[16] 林蓉,陈岳杭.基于积极心理学的公益课程实践的个案研究［J］.扬州大学
     学报（高教研究版）,2022,26（4）：103-110.

[17] 郑日昌,蔡永红,周益群.心理测量学［M］.北京：人民教育出版社,
     2002.

[18] 佘砚.积极心理学视阈下大学生感恩心理品质研究［J］.淮南职业技术学院
     学报,2022,22（4）：36-38.

[19] 宗蕾.传播心理学知识　助力健康中国建设［J］.新阅读,2022（8）：31.

[20] 孟昭兰.普通心理学［M］.北京：北京大学出版社,2006.

[21] 黄希庭.心理学导论［M］.北京：人民教育出版社,2002.

[22] 蔡霞.积极心理学视角下关于高校心理健康教育的思考［J］.产业与科技论
     坛,2022,21（16）：118-119.

[23] 殷海伦,常国良.积极心理学视角下初中生人际交往关系的研究［J］.心理
     月刊,2022,17（16）：219-221.

[24] 朱宝荣.应用心理学教程［M］.北京：清华大学出版社,2005.

[25] 李子默.基于积极心理学视角的大学生心理健康教育创新路径研究［J］.成
     才之路,2022（27）：5-8.

[26] 凌文辁,方俐洛.心理与行为测量［M］.北京：机械工业出版社,2004.

[27] 车文博.西方心理学史［M］.杭州：浙江教育出版社,1998.

[28] 刘娟,桂阳.师生冲突中教师宽恕行为的心理学审思［J］.中小学心理健康
     教育,2022（26）：4-8.

[29] 陈琦,刘儒德.教育心理学［M］.北京：高等教育出版社,2010.

[30] 张建新.让更多的人读心理学,让心理学人读更多的书［J］.新阅读,2022
     （8）：32.